W0227102

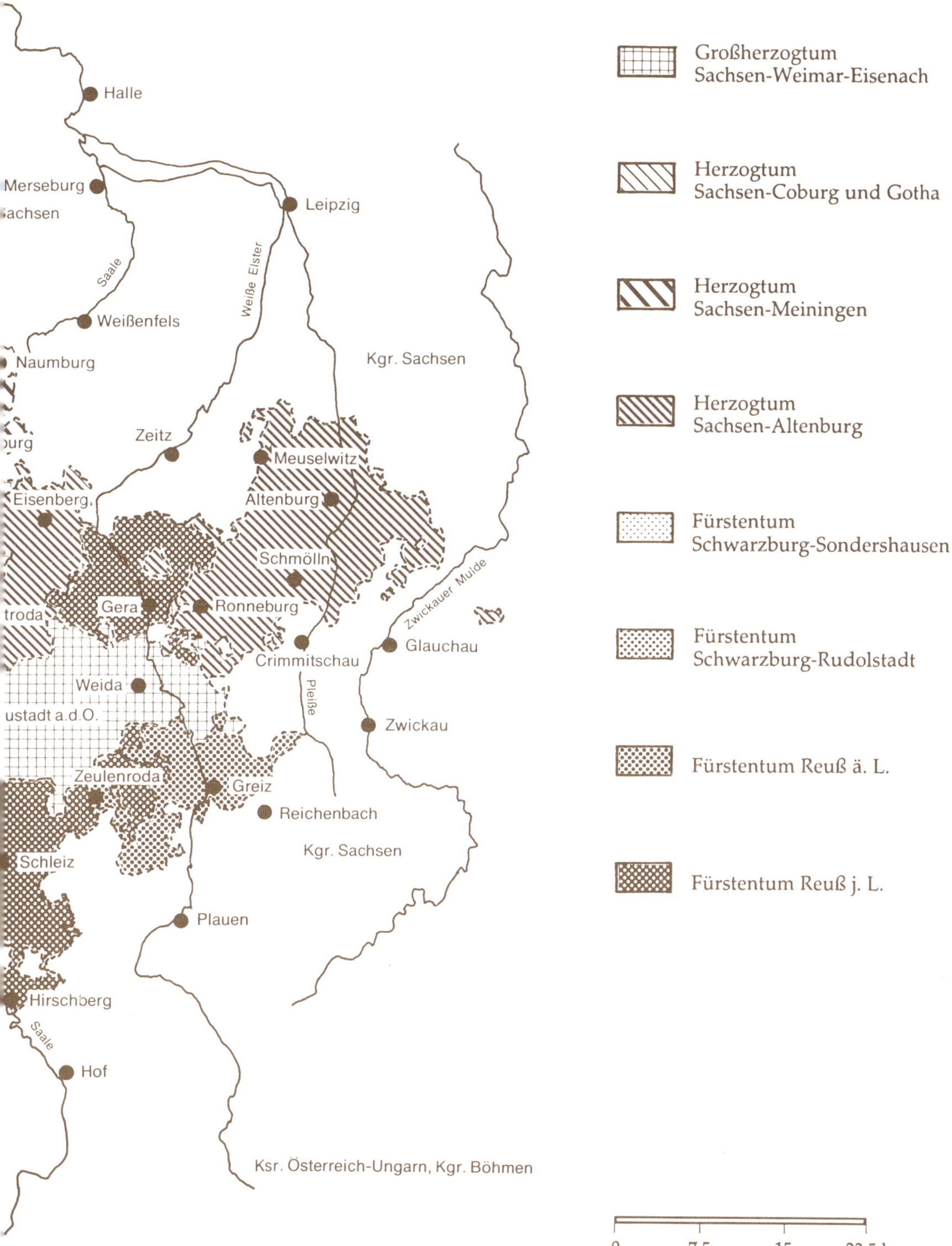

▦	Großherzogtum Sachsen-Weimar-Eisenach
▨	Herzogtum Sachsen-Coburg und Gotha
▨	Herzogtum Sachsen-Meiningen
▨	Herzogtum Sachsen-Altenburg
▦	Fürstentum Schwarzburg-Sondershausen
▦	Fürstentum Schwarzburg-Rudolstadt
▦	Fürstentum Reuß ä. L.
▦	Fürstentum Reuß j. L.

Halle

Merseburg

Sachsen

Leipzig

Saale

Weiße Elster

Weißenfels

Naumburg

Kgr. Sachsen

Zeitz

burg

Meuselwitz

Eisenberg

Altenburg

Schmölln

troda

Gera

Ronneburg

Zwickauer Mulde

Crimmitschau

Glauchau

Weida

Pleiße

ustadt a.d.O.

Zwickau

Zeulenroda

Greiz

Reichenbach

Schleiz

Kgr. Sachsen

Plauen

Hirschberg

Saale

Hof

Ksr. Österreich-Ungarn, Kgr. Böhmen

0   7,5   15   22,5 km

Peter Mast

Thüringen

Peter Mast

Thüringen

Die Fürsten und ihre Länder

VERLAG STYRIA

Die Deutsche Bibliothek – CIP-Einheitsaufnahme

Mast, Peter:
Thüringen : die Fürsten und ihre Länder / Peter Mast. –
Graz ; Wien ; Köln : Verl. Styria, 1992
ISBN 3-222-12066-8

© 1992 Verlag Styria Graz Wien Köln
Alle Rechte vorbehalten
Printed in Austria
Umschlaggestaltung:
Zembsch'Werkstatt, München
Satz und Druck:
Druck- und Verlagshaus Styria, Graz
Bindung: Landesverlag Linz
ISBN 3-222-12066-8

Inhalt

Vorwort
SEITE 7

I
Anfänge, Herrschaft der Ludowinger
und Machtbildung der Wettiner im thüringischen Raum
bis zur Leipziger Teilung von 1485
SEITE 9

II
Thüringer Fürsten und Territorien im Zeitalter
der Glaubensspaltung
und des Dreißigjährigen Krieges
SEITE 26

III
Absolutismus, Aufklärung und dynastische Zersplitterung
im Thüringen des 17. und des 18. Jahrhunderts
SEITE 50

IV
Das Zeitalter Carl Augusts von Weimar
und die deutsche Klassik
SEITE 79

V

Die Thüringer Staaten,
die deutsche Einheit und das deutsche Kaiserreich

SEITE 110

VI

Ausklang:
Thüringen in der deutschen Geschichte

SEITE 141

Die thüringischen Staaten zu Beginn des 20. Jahrhunderts

SEITE 149

Literatur

SEITE 158

Bildnachweis

SEITE 159

Vorwort

Vor zwölf Jahren mußte sich Hans Patze die Frage vorlegen, ob der historische Begriff „Thüringen" in der Zukunft fortdauern werde. Er tat das im sechsten und letzten Bande seiner zusammen mit Walter Schlesinger herausgegebenen „Geschichte Thüringens", die nicht nur eine historiographische Tat, sondern auch ein großes Zeugnis gesamtdeutscher Verbundenheit über die unselige innerdeutsche Grenze hinweg mit jenem – gleich den anderen Ländern der DDR – 1952 in Bezirke zerlegten Lande war. „Sicher ist", so schrieb er damals, „daß die neuen Verwaltungs- und wirtschaftlichen Organisationsformen den Begriff Thüringen einebnen oder als geschichtliche Größe löschen werden." Es sei wohl möglich, daß wie in der Bretagne und in der Normandie eine Erinnerung an die geschichtliche Einheit des Landes fortlebe. Aber: „Wenn diese Erinnerung, was derzeit der Fall ist, nicht im Schulunterricht oder durch andere institutionelle Einwirkung erhalten wird, wird sie schwinden, denn die nach ganz anderen als historischen Gesichtspunkten fluktuierende moderne Industriebevölkerung wird eine heimatlose Bevölkerung sein …"

In den letzten beiden Jahren hat sich die Lage vollkommen gewendet. Nicht nur ist die politische Teilung Deutschlands aufgehoben; jene „Beharrlichkeit historischer Kräfte", von der sich Patze vor allem in Europa überrascht sah und von der er 1979 gleich einer letzten Hoffnung sprach, hat sich auch in den neuen deutschen Bundesländern gezeigt, nicht zuletzt in Thüringen. Aber der vielfach gehegte Wunsch, den eigenen Lebensraum als etwas historisch Gewachsenes zu verstehen, kann ohne geschichtliche Kenntnisse nicht verwirklicht werden. Diese über Thüringen einem nachfragenden Publikum zu vermitteln, ist als Verfasser des vorliegenden Buches mein Bestreben gewesen. Ich habe mich um Übersichtlichkeit und Anschaulichkeit bemüht, ohne den in manchem komplizierten Stoff allzusehr zu vereinfachen.

Thüringen ist das Land meiner Kindheit. Ich widme das Buch daher meiner Mutter, die mir stets Beispiel für Thüringer Menschentum und Thüringer Lebensart war.

PETER MAST
München 1992

7

I
Anfänge, Herrschaft der Ludowinger und Machtbildung der Wettiner im thüringischen Raum bis zur Leipziger Teilung von 1485

Von Thüringen läßt sich frühestens für das 4. Jahrhundert n. Chr. sprechen. Denn damals dürfte die Bildung des thüringischen Stammes, der aus einer Verschmelzung der germanischen Stämme der Hermunduren, der Wernen und der Angeln entstanden war, zum Abschluß gekommen sein. Die Thüringer bildeten ein Königreich aus, das seine geographische Mitte im Thüringer Becken fand und das sich im Norden bis in den Nordthüringgau (bei Magdeburg), im Osten bis zur Elbe, im Westen vermutlich bis zur Werra und im Süden kaum über den Kamm des Thüringer Waldes hinaus ausdehnte.

Das Thüringerreich scheint von einiger politischer Bedeutung gewesen zu sein, was wohl zu einem großen Teil auf seine zentrale Lage zurückgeführt werden muß. Deshalb, so ist anzunehmen, war die Tochter des Thüringerkönigs Bessinus, Radegunde, mit dem Langobardenkönig Wacho verehelicht, während Theoderich der Große um 510 seine Nichte Amalaberga mit dem Sohn des Bessinus, Herminafrid, verheiratete. Zum Verderben wurde dem Thüringerreich der Umstand, daß es dem Ausdehnungsdrang des Fränkischen Reiches nach Osten hin im Wege war. Den Krieg, den die Franken aus diesem Grunde begannen und in dem sie offensichtlich von den Sachsen unterstützt wurden, haben die Thüringer nicht überstehen können.

Nachdem das alte Thüringerreich im Jahre 532 zertrümmert worden war, unterwarfen nicht nur die Franken das Land – auch Sachsen und Friesen strömten in den herrenlosen Raum ein. So kam es, daß die thüringische Mark zur Zeit Karls des Großen einen viel geringeren Umfang hatte als einst das Thüringerreich. Das Gebiet nördlich der Unstrut hatten die Sachsen in Besitz genommen, während in den Raum östlich der Saale Slawen eingedrungen waren. Der Rest gehörte seitdem zum Fränkischen Reich und hat von diesem das Christentum empfangen. Seit 725 war Bonifatius, der Apostel der Deutschen, für etwa zehn Jahre in Thüringen tätig; es wird angenommen, daß ein Vorgängerbau des Erfurter Domes St. Marien die Bischofskirche des

Bonifatius gewesen ist. Ein folgenschweres Ereignis für Thüringen war es, als Bonifatius in den Jahren 746 und 747 Mainz als Metropolitansitz zugewiesen bekam und damit die Diözese Erfurt unter das Erzbistum fiel, nach dem Tode des Apostel-Bischofs sogar ganz in diesem aufging. Thüringen wurde damit in eine vielhundertjährige schicksalhafte Verbindung zu der ersten geistlichen Gewalt des Reiches am Rhein gebracht.

Seit dem Ende der ostfränkischen Karolinger Anfang des 10. Jahrhunderts unterstand Thüringen den sächsischen Herzögen. Solange das sächsische Haus Träger des deutschen Königtums war, zwischen 919 und 1024, lag auch das Schwergewicht des Deutschen Reiches im sächsisch-thüringischen Raum. König Heinrich I. schlug 933 die Ungarn bei Riade, das vermutlich an der Unstrut lag, und starb 936 in seiner thüringischen Pfalz Memleben. Weitere Pfalzen befanden sich in Erfurt, Tilleda, Wallhausen und Allstedt. Im Norden Thüringens (um Nordhausen und Mühlhausen) bildete sich in nennenswertem Umfang Reichsgut. Dazu trugen auch Tauschgeschäfte mit dem Reichskloster Hersfeld bei, das zusammen mit dem Reichskloster Fulda in Thüringen reiches Fiskalgut vom fränkischen König übertragen bekommen hatte. Seit Otto I., dem Großen, war dank des von ihm geschaffenen Reichskirchensystems die Kirche Stütze der Reichsgewalt. In Thüringen war das vor allem das Erzbistum Mainz, das in einem Gebiet um Erfurt und im Eichsfeld auch die weltliche Oberhoheit besaß. Hinzu kam das durch Kaiser Otto I. gegründete Erzbistum Magdeburg, das im Thüringischen durch das Suffraganbistum Naumburg-Zeitz vertreten wurde. Thüringen war zum „Binnenland des Reiches" (H. Patze) geworden.

Insbesondere nach der sächsischen Zeit brachten zahlreiche edle Geschlechter – schon Karl der Große scheint die Grafschaftsverfassung eingeführt zu haben – Grafenrechte an sich: So die Herren von Weimar (seit 1060 Grafen von Orlamünde), von Querfurt, von Käfernburg (seit 1123 Grafen von Schwarzburg), von Tonna (Sitz beim heutigen Gräfentonna, unweit Langensalza, seit 1162 Grafen von Gleichen) und die Herren von Henneberg, die sich nach der Burg Henneberg, oberhalb des gleichnamigen Ortes (zehn Kilometer von Meiningen entfernt), nannten und 1037 erstmalig urkundlich erwähnt werden.

Um die Mitte des 11. Jahrhunderts trat zu den alteingesessenen Geschlechtern ein neues, nämlich das der Ludowinger. Sein von einer der Nebenlinien der Grafen von Rieneck abstammender Ahnherr Ludwig der Bärtige (gestorben nach 1055) war aus Mainfranken eingewandert und hatte durch Heirat Besitz in der Gegend um Sangerhausen erworben, ihn durch Rodungen erweitert und diese durch die Schauenburg (bei Friedrichroda) gesichert. Sein Sohn Ludwig der Springer, der (vielleicht nicht von Anfang an) ein Gegner Kaiser Heinrichs IV. in seinem Kampf um entfremdetes Reichsgut war, gewann während des sächsisch-thüringischen Aufstandes gegen den Kaiser im Jahre 1073 den Wartberg bei Eisenach und baute auf ihm die Wartburg. Er soll mittelbar an der Ermordung des Pfalzgrafen Friedrich III. von Sachsen im Jahre 1085 beteiligt gewesen sein, heiratete dessen Witwe Adelheid und erlangte auf diese Weise – die Burg Goseck hoch über der Saale zwischen Naumburg und Weißenfels war Stammsitz der sächsischen Pfalzgrafen – das Erbe des Goseckschen Hauses. Innerhalb desselben errichtete er um 1100 die Neuenburg oberhalb Freyburg an der Unstrut. Als rechter Anhänger der gregorianischen Kirchenreform wie mit Heinrich IV. auch mit Kaiser Heinrich V. verfeindet, wurde er von diesem in den Jahren 1114–1116 gefangengehalten. Die Sage berichtet von einer Haft Ludwigs auf der Burg Giebichenstein bei Halle, aus der er durch einen Sprung in die Saale entkommen sei, daher der Beiname. Nach einer Aussöhnung mit dem Kaiser im Jahre 1122 erlangte er von diesem neben Eckartsberga wohl auch die Grafenwürde. Die Wartburg, die Neuenburg und Eckartsberga bildeten seitdem die Eckpfeiler der ludowingischen Macht. Zusammen mit seinem Bruder Beringer von Sangerhausen gründete Ludwig zwischen 1069 und 1084 das Kloster Reinhardsbrunn im Thüringer Wald, das er mit Mönchen aus dem berühmten Reformkloster Hirsau im Schwarzwald besetzte. Er ist dort selbst als Mönch im Jahre 1123 gestorben.

Der Sohn des Springers, Ludwig III. (gestorben 1140), gewann 1122 durch Heirat der Tochter des Grafen Giso IV. (und diejenige seines Bruders mit der Witwe des Grafen) die Gisonische Erbschaft. Diese bestand aus der Grafschaft Hessen, die sich in dem Dreieck St. Goar (Rhein)–Kassel–Darmstadt ausgebildet hatte. Im Jahre 1131 wurde Ludwig III. auf einem Reichstag in Goslar durch König Lothar von Supplinburg die Landgrafenwürde verliehen. Nach dessen Tode wandte er sich den Staufern zu, die gegen den Willen Lothars diesem im Königtum gefolgt waren. Das Überwechseln der Ludowinger zu den Staufern ist wohl dadurch zu erklären, daß diese den Welfen, denen Kaiser Lothar die Königskrone zugedacht hatte, das Herzogtum Sachsen entzogen und dadurch gegenüber Thüringen eine achtunggebietende Stellung einnahmen.

Die Erhebung zum Landgrafen bedeutete für Ludwig I., wie er jetzt hieß, den Aufstieg in den Fürstenstand, so wie er als „jüngerer Reichsfürstenstand" in der Gelnhäuser Urkunde von 1180 bestimmt werden sollte. Das beinhaltete zugleich die Ausstattung mit dem Landfriedensgericht und dem damit im Zusammenhang stehenden Geleitsrecht, d. h. dem Recht, für die Benutzung der Wege Abgaben zu erheben – Befugnisse, die damals von der Amtsgewalt eines Herzogs noch übriggeblieben waren. Aber die Überordnung über die Grafen, die an sich in der Landgrafenwürde beschlossen lag, war nur noch formeller Art; die Verselbständigung der Grafen war so weit fortgeschritten, daß Ludwig I. und seine Nachkommen ihr Herrschaftsgebiet auch nicht anders als diese nur durch Unterwerfung von Nachbarn, Kauf und Erbschaft erweitern konnten.

Der Besitz der Ludowinger bestand in Thüringen hauptsächlich aus dem Gebiet um die Wartburg mit Eisenach (vor 1196 Stadt), der Neuenburg mit Freyburg, Eckartsberga, Goseck und Sangerhausen sowie der Vogtei über die Klöster Reinhardsbrunn, Goseck und Jechaburg, das heute zu Sondershausen gehört. Hinzu kamen noch Gewinne aus Hersfelder Klosterbesitz. Von erheblicher Bedeutung war der hessische Territorialbestand, der allerdings gegenüber dem mächtigen Erzstift Mainz behauptet werden mußte, das mit Erfurt über einen Pfahl im Fleische der Landgrafschaft Thüringen verfügte. Mit dem Ausbau ihrer territorialen Stellung verbanden die Landgrafen eine planmäßige Anlage von Städten und die Einrichtung einer Kanzlei.

Wie Ludwig I. hat sich Ludwig II., der Eiserne (so bezeichnet als Beschützer der Armen und Schwachen gegenüber dem Adel), den Staufern angeschlossen. Er begleitete Kaiser Friedrich I. Barbarossa, dessen Schwager er war, 1157 auf dem Feldzug gegen Polen und 1158 wie 1161 nach Italien. Die zumindest bis 1190 gefestigte staufische Stellung im Reich hat es vermocht, die Thüringer Landgrafen lange vor ihrem mächtigsten Rivalen, nämlich dem Erzstift Mainz, sicherzustellen. Graf Ernst II. von Tonna, der an den Bestrebungen seines Hauses, im Eichsfeld ein eigenes Territorium zu erwerben, namhaften Anteil hatte, ließ Landgraf Ludwig II. ergreifen und 1170 enthaupten. Die staufische Reichslandpolitik, in deren Zusammenhang Kaiser Friedrich Barbarossa das Reichsgut in Nordthüringen und im Pleißenland um Altenburg befestigte, berührte die Interessen der Ludowinger nicht. Landgraf Ludwig II. starb 1172 auf der Neuenburg, kurz nachdem ihn hier noch der Kaiser besucht hatte.

Ein jüngerer Sohn Ludwigs II., Heinrich, folgte dem Vater in Hessen, der älteste als Landgraf Ludwig III., der Fromme, in Thüringen. Dieser erwarb 1176 die Burg Tennstedt bei Waltershausen, kämpfte siegreich gegen Erfurt und dessen Schutzherren, die Grafen von Schwarzburg und von Gleichen, sowie die askanischen Grafen von Orlamünde. Von erheblicher Bedeutung für die Ludowinger war der Zusammenbruch der Macht Heinrichs des Löwen, der sich auch in Thüringen eine ansehnliche territoriale Stellung geschaffen hatte. Nach anfänglicher Parteinahme für ihn wechselte Landgraf Ludwig III. (dessen Vater schon ein Gegner des Löwen gewesen war) in das Lager des Kaisers über. Heftigen Kämpfen in Nordthüringen folgte in Gelnhausen 1180 die Absetzung des hochfahrenden Welfen durch Kaiser Friedrich Barbarossa, dessen übergeordnete Stellung im Reiche er nicht mehr respektiert hatte. Die Ludowinger erhielten als zweites Reichsfürstentum die soeben (1179) freigewordene sächsische Pfalzgrafschaft übertragen, auf die sich eben noch der

Deus cui propri
um est misere
ri semp & par
cere suscipe de

& interceden
tib omnib sctis
tuis gre tue.
ineo dona mul

*Landgraf Hermann von Thüringen und seine Gattin, Landgräfin Sophie
(aus dem Landgrafenpsalter, 1211–1213).*

Löwe Hoffnungen gemacht hatte. Zu ihr gehörte in Thüringen Allstedt als Lehen. Außerdem gewann Landgraf Ludwig die Herrschaft über das Werra- und das Leinetal bis nach Göttingen.

Im Jahre 1181 trat Ludwig die Pfalzgrafschaft an seinen Bruder Hermann ab und übernahm nach dem Tode seines Bruders Heinrich (1180) dessen hessische Hinterlassenschaft. Zum Ende seiner Regierung stand Ludwig III. in Kämpfen mit Mainz, das unter dem Wittelsbacher Erzbischof Konrad nach selbstlosem Wirken des Erzstiftes für den Kaiser seit 1183 die Rückgewinnung der unter seinen Vorgängern verlorengegangenen mainzischen Besitzungen betrieb, und vor allem mit den aufstrebenden wettinischen Markgrafen von Meißen. Beiden gegenüber galt es, die bedeutend gestärkte Stellung der Thüringer Landgrafen zwischen Lahn und Saale zu verteidigen.

Landgraf Ludwig III. starb 1190 auf dem Rückweg vom Kreuzzug, der ihn vor Akkon geführt hatte, an Bord eines Kreuzfahrerschiffes bei Zypern. Da er ohne männliche Erben war, folgte ihm sein jüngster Bruder, der Pfalzgraf, als Hermann I. (1190–1217), den König Heinrich VI. zunächst nicht hatte belehnen wollen, um Thüringen, das er als erledigtes Reichslehen bezeichnete, dem Reichsgut zuzuschlagen. Hermann verlegte die Landgrafenresidenz von der Neuenburg auf die Wartburg.

Hermann von Thüringen umstrahlt in der Erinnerung der Nimbus eines Beschützers der Minnesänger und eines Schirmherrn ihres historisch nicht faßbaren Wettstreits auf der Wartburg, von dem die mittelhochdeutsche Dichtung vom Wartburgkrieg erzählt. Heinrich von Veldeke, Wolfram von Eschenbach und Walther von der Vogelweide haben an seinem ritterlich-weltfrohen Hofe gewirkt; Albrecht von Halberstadt und Herbort von Fritzlar sind von ihm gefördert worden. Politisch strebte er nach dem Erwerb von Reichsgut, namentlich der Städte Mühlhausen und Nordhausen, blieb dabei aber ohne Erfolg; das Hin- und Herschwanken zwischen Staufern und Welfen im deutschen Thronstreit seit 1198, der Thüringen heftige Kämpfe bescherte, trug ihm lediglich den Ruf der politischen Unzuverlässigkeit ein. 1211 veranlaßte er aber in Nürnberg den Beschluß einer Anzahl von Fürsten, den gebannten Welfen Otto IV., einen Sohn des Löwen, abzusetzen und Friedrich II. von Hohenstaufen zu wählen. Eine Erhebung der Sachsen, die sich Nordhausens und Mühlhausens bemächtigten und viele seiner Vasallen auf ihre Seite zogen, brachte ihn in arge Verlegenheit, aus der ihn schließlich der aus Italien heranziehende Hohenstaufe selbst befreite. Durch die Heirat seiner Tochter aus erster Ehe mit dem Markgrafen Dietrich von Meißen wurde eine Verbindung seines Hauses von historischer Bedeutung mit den Wettinern hergestellt. Der zweiten Ehe Ludwigs III. mit einer bayerischen Prinzessin entstammten seine Nachfolger Ludwig IV., der Heilige (1217–1227), und Heinrich Raspe.

Ludwig IV., der Gemahl der bald nach ihrem Tode heiliggesprochenen Elisabeth von Ungarn, genoß gleichermaßen Ansehen als Landesherr wie als Ritter; er wirkte als Vormund seines Neffen Heinrich, des Sohnes Dietrichs von Meißen, in der Markgrafschaft wie in der Lausitz, allerdings in eigensüchtiger politischer Berechnung. Denn er erwirkte bei Kaiser Friedrich II. eine Eventualbelehnung mit der Mark Meißen. Als politisches Ziel muß Ludwig ein mitteldeutsches Territorium vorgeschwebt haben. Zudem ließ er sich vom Kaiser einen Anteil an dem damals zwischen dem Deutschen Ritterorden und den heidnischen Pruzzen umkämpften Preußenland einräumen. Hatte er ganz offensichtlich den Tod seines Neffen als Größe in seine politische Rechnung eingesetzt, so kostete ihm der Kreuzzug, auf den er sich im Herbst 1227 als Gegenleistung für die genannten Zugeständnisse des Kaisers mit diesem von Apulien aus begab, selbst das Leben. In Brindisi, noch vor Beginn der Fahrt, an einer Epidemie erkrankt, erlag er dieser auf hoher See. Auf seinen Tod hin entschloß sich der Kaiser zur Umkehr, die der Papst, schon längst in einem verborgenen Gegensatz zu Friedrich stehend, zum Anlaß nahm, diesen mit dem Kirchenbann zu belegen.

Der Sohn und Erbe Ludwigs IV., Hermann II., war noch minderjährig. Er wurde von seinem Onkel Heinrich Raspe, der die Landgräfin Elisabeth und ihre Kinder von der Wartburg vertrieb, um seine rechtmäßigen Ansprüche gebracht und (1238) mit dem hessischen Besitz des Hauses abgefunden. In Marburg hat Elisabeth von Thüringen, die in den Dritten Orden des heiligen Franziskus eingetreten war, in einem von ihr gegründeten Hospital ganz der Nächstenliebe gelebt und die Stadt zu einem Wallfahrtsort der Kranken gemacht. Sie starb 1231. Auf Betreiben ihres Beichtvaters Konrad von Marburg heiliggesprochen, wurde ihr mit der Elisabethkirche zu Marburg, einer der ersten gotischen Kirchen in Deutschland, in der sie begraben liegt, ein würdiges Denkmal gesetzt.

Nach dem Tode des jugendlichen Hermann im Jahre 1241 herrschte Heinrich Raspe uneingeschränkt als Land- und als Pfalzgraf. Zudem wurde er auf Betreiben von Papst Innozenz IV. nach der Absetzung Kaiser Friedrichs II. durch diesen 1246 in Veitshöchheim bei Würzburg von den drei rheinischen Erzbischöfen zum König gewählt, als der er zu keinerlei Bedeutung gelangte. Mit seinem Tode auf der Wartburg bereits 1247 erlosch das ludowingische Haus im Mannesstamm.

Um die Nachfolge in Thüringen kämpften hinfort die Söhne ludowingischer Töchter. Der zwischen 1247 und 1264 das Land heimsuchende Erbfolgekrieg endete mit dem Sieg des Wettiners Heinrich des Erlauchten von Meißen, des Enkels Landgraf Hermanns I., dessen Eventualbelehnung mit Thüringen und der Pfalz Sachsen Heinrich Raspe bei Kaiser Friedrich II. noch erwirkt hatte. Er genoß die Unterstützung der landgräflichen Dienstmannen

Elisabeth von Thüringen
(Titelbild der „Cronica sant Elisabet" von 1520).

und der Reichsministerialen. In Hessen indessen setzte die Tochter der Landgräfin Elisabeth, Sophie, die mit dem Herzog von Brabant verheiratet war, ihren Sohn Heinrich, „das Kind von Brabant" (gestorben 1308), durch. Der Wettiner Heinrich gestand diesem außerdem die Werrastädte Eschwege, Allendorf, Witzenhausen und Sontra sowie den Titel „Landgraf" zu, der in Hessen daher thüringischen Ursprungs ist. Die Verbindung Thüringens mit Hessen, die die Ludowinger hergestellt hatten, war damit wieder gelöst worden.

Nach dieser Entscheidung überließ Heinrich der Erlauchte 1265 die Regierung Thüringens Hermann von Henneberg, einem Halbbruder, dessen Ansprüche mit Schmalkalden abgegolten worden waren, und seinem Sohne Albrecht dem Entarteten, der 1243 durch seine Ehe mit Margarete, einer Tochter Kaiser Friedrichs II., das Reichsland Pleißen mit Altenburg, Chemnitz und Zwickau – zunächst als Pfand – in den Besitz der Wettiner gebracht hatte. Albrecht machte aber seinem Hause, wie sein Beiname ahnen läßt, keine Ehre. Seine unverhüllte Leidenschaft zu Kunigunde von Eisenberg zwang seine staufische Gemahlin 1270, von der Wartburg zu fliehen, worauf sie noch in demselben Jahre in Frankfurt a. M. starb. Seine Heirat mit Kunigunde und die Legitimierung des mit dieser gezeugten Sohnes führten ihn in kriegerische Auseinandersetzungen mit seiner Familie. Der Tod Heinrichs des Erlauchten im Jahre 1288 verschärfte den Familienzwist noch und ließ es in Verbindung mit der Schwäche Albrechts, die durch dessen tyrannische Neigungen nur verdeckt wurde, zu einer allgemeinen Unsicherheit im Lande kommen. Immerhin ist Albrecht ein einsichtsvoller Förderer des Städtetums in Thüringen gewesen. Die Situation war aber schließlich so ernst, daß König Rudolf von Habsburg 1289 im Peterskloster zu Erfurt einen Reichstag (der sein letzter sein sollte) abhielt, mit dem er der Sicherung der Reichsrechte im Pleißner Land sowie der Wiederherstellung des Friedens zu dienen hoffte. Infolge Verschwendung tief verschuldet, verkaufte Albrecht die Landgrafschaft Thüringen 1293 für den Fall seines Todes „ad usus imperii" an König Adolf von Nassau, der damit sowie mit Meißen und dem Osterland (dem Land zwischen Eisenberg und Leipzig), die er als heimgefallene Lehen betrachtete, die ihm fehlende territoriale Grundlage zu gewinnen hoffte. Doch angesichts des Kesseltreibens des Papstes und der rheinischen Erzbischöfe gegen ihn, das ihm 1298 Krone und Leben kosten sollte, konnte ihm dieser Gewinn nicht mehr helfen. König Albrecht, der den Anspruch Adolfs auf Thüringen (und Meißen) aufrechterhielt, wurde der Erwerb mit der Niederlage eines königlichen Ritterhaufens im Jahre 1307 bei Lucka (zwischen Leipzig und Altenburg) unmöglich gemacht; auch sein Versuch, die Landgrafschaft und Meißen dem Reiche zurückzugewinnen, war also gescheitert. So gelangte Thüringen wieder in die Verfügungsgewalt der Wettiner.

Nachdem Albrecht der Entartete gegen ein Jahrgeld auf seine Herrschaft verzichtet und sich nach Erfurt zurückgezogen hatte sowie dessen Sohn Diezmann 1307 gestorben war, befanden sich die gesamten wettinischen Lande in der Hand des einzigen noch lebenden Sohnes, Friedrichs I., des Freidigen, d. h. des Mutigen, des Unerschrockenen (gestorben 1323), von dem als zwölfjährigem Enkel Kaiser Friedrichs II. einst die Ghibellinen in Italien vergeblich die Erneuerung des staufischen Kaisertums erhofft hatten. Er wurde 1310 von König Heinrich VII., dem Luxemburger, dessen Italienzug keinen Raum für die Wahrung von Reichsrechten in Deutschland ließ, als Landgraf von Thüringen anerkannt, mußte aber nach den verheerenden Kämpfen der vergangenen Jahre schwer um die Wiederaufrichtung der landgräflichen Gewalt ringen.

Das galt um so mehr, als Ludwig der Bayer als deutscher König nach dem Aussterben der brandenburgischen Askanier im Jahre 1320 deren Lande seinem Hause vorbehalten wollte. Denn dazu bediente er sich in der Mark Brandenburg wie zur Sicherung des Weges dahin natürlicher Gegner des Landgrafen – und zwar der Henneberger, deren Territorialbestrebungen sich vom Main immer mehr zur Werra und zum Thüringer Wald verlagert hatten, und des Hauses Schwarzburg, das nördlich von ihnen Macht zu bilden suchte – und stärkte sie so. Des Freidigen Sohn Friedrich II., der Ernsthafte (1323–1349), der unter der Vormundschaft des politisch keineswegs uneigennützigen Heinrich II. Reuß gestanden hatte, sah sich im Gefolge dessen einem Aufstand der Orlamünder, der Schwarzburger, der Reußen sowie der Städte Mühlhausen und Erfurt gegenüber.

Erfurt offenbarte nun seine für den Thüringer Raum schicksalhafte Bedeutung. Es war nicht nur ein geistliches und ein politisches Zentrum. Nur mehr lose an Mainz gebunden, gelangte es im 14. Jahrhundert insbesondere durch den Handel mit Waid, einer blaufärbenden, zur Herstellung von Farbstoff unentbehrlichen Pflanze, die auf den fruchtbaren Keuperböden des Thüringer Beckens und unter dem Schutz der umgebenden Gebirgs- und Höhenzüge vorzüglich gedieh, zu Reichtum; entscheidend dafür war, daß die Erfurter in ihrem Umland, in dem nach einem Waidregister von 1579 in 49 Dörfern auf über 4344 Äckern die Waidpflanze angebaut wurde, seit 1351 allein das Recht hatten, diese aufzubereiten und den gesuchten Farbstoff zu vertreiben. Erfurt kam auch seine günstige Verkehrssituation zustatten, lag es doch am Kreuzungspunkt der Straßen Frankfurt a. M.–Leipzig und Magdeburg–Franken. In Erfurt wurde 1379 eine Universität gegründet, die sich zu einem geistigen Zentrum (zumindest) für den Thüringer Raum entwickelte. Die Stadt machte auch den geldbedürftigen Adel einschließlich der Landgrafen von sich abhängig. Verpfändungen und Veräußerungen brachten der liquiden Stadt bedeutenden Grundbesitz ein.

Erfurt (Holzschnitt aus Hartmann Schedels „Weltchronik",
Nürnberg 1493, Ausschnitt).

Siegel der Universität Erfurt, Mitte des 15. Jahrhunderts.

Den Wettinern stand somit bei der Territorialbildung das natürliche Zentrum des Landes nicht zur Verfügung. „Als in Thüringen die Zeit für die Entfaltung des Territorialstaates gekommen war, war der wirtschaftlich vorteilhafte Platz für ein Herrschaftszentrum seit Jahrhunderten vergeben." (H. Patze) Auch nahmen die Erfurt-Mainzer Kirchenbehörden eine Funktion der Landesherrschaft in gewissem Sinne bereits wahr: Die geistliche Gerichtsbarkeit der Stadt wurde im Lande, da es nirgends bessere Richter gab, auch in Fällen in Anspruch genommen, in denen das Kirchenrecht nicht einschlägig war. Die Wettiner haben sich dagegen später (1435) durch ein Konkordat mit Mainz zu wehren versucht.

Markgraf Friedrich II. mußte allerdings angesichts Erfurts und der übrigen Widersacher im Lande nicht verzweifeln, da die Wettiner mit den Wittelsbachern auf gutem Fuße standen und er von Ludwig IV., dem Bayern, der sein Schwiegervater war, die Schutzherrschaft über die Reichsstädte Mühlhausen, Nordhausen und Goslar übertragen bekam. 1335 konnte er Erfurt zu einem Friedensvertrag und zur Aufgabe aller seiner Bündnisse zwingen. Den Bruch eines von ihm 1338 erlassenen Landfriedensgesetzes nahm er zum Anlaß, den sogenannten Grafenkrieg zu beginnen, der zwischen 1342 und 1345 das Land erschütterte und den Wettinern für immer das Übergewicht über die mit Mainz verbündeten thüringischen Grafen sicherte. Die Grafen von Weimar-Orlamünde mußten einen großen Teil ihres Besitzes abtreten und ihr Eigengut 1346 von Friedrich II. zu Lehen nehmen; Weimar wurde durch Aussterben der dort residierenden Linie um 1373 wettinisch. Gut hatte sich in diesen Kämpfen Günter XXI. von Schwarzburg gehalten, den die Wittelsbacher nach dem Tode Kaiser Ludwigs gegen den Luxemburger Karl IV. als Gegenkönig ins Feld stellten. Da das die Gegner des Thüringer Landgrafen stärken konnte, wechselte Friedrich II., der Ernsthafte, in das Lager der Luxemburger über.

Auch das Haus Henneberg hat die wettinische Territorialbildung im 14. Jahrhundert nicht dauerhaft behindern können. Dieses Grafengeschlecht hatte nicht nur im Thüringer Wald, sondern auch im Thüringer Becken Fuß fassen können. Es handelte sich hierbei vornehmlich um die Linie Schleusingen, die Berthold V. (gestorben 1284) gestiftet hatte. Seinem Sohn Berthold VII. (gestorben 1340) war von König Albrecht I., den er gegen Wenzel IV. von Böhmen unterstützt hatte, 1307 die Statthalterschaft über Schweinfurt übertragen und von Heinrich VII. diese Reichsstadt selbst verpfändet sowie 1310 die Würde eines gefürsteten Grafen verliehen worden. Für den mit ihm verwandten Kaiser Ludwig, dem er das *jus de non evocando*, die unbeschränkte Gerichtsbarkeit (1314), verdankte, hatte er in Brandenburg wie schon für Heinrich VII. in Böhmen gute Dienste geleistet und dafür in der Goldenen Bulle, jenem von Kaiser Karl IV. erlassenen Reichsgrundgesetz, alle

Rechte seines Hauses bestätigt bekommen. 1353 aber konnte Markgraf Friedrich III. der Strenge (1349–1381), als Thüringer Landesherr aus der Verfügung des Grafen, durch seine Heirat mit Katharina von Henneberg Coburg an sich bringen – und seit der Mitte des 14. Jahrhunderts ging dann die Macht der Schleusinger Henneberger infolge von Erbteilungen wieder zurück.

Markgraf Friedrich III., der mit seiner vorzüglichen Kanzlei den Ausbau der inneren Verwaltung in den vereinigten wettinischen Territorien weiterbildete, konnte vor allem im Vogtländischen Krieg zwischen 1354 und 1358 die wettinische Territorialbildung weiter vorantreiben. Er genoß dabei die Unterstützung der Luxemburger, die wie die Wittelsbacher von Bayern von Böhmen her die Verbindung zu Brandenburg, das sie den Söhnen Kaiser Ludwigs zu entziehen gewußt hatten, zu sichern suchten und dabei den Wettiner brauchten. So konnte Markgraf Friedrich den Vögten von Plauen, Gera und Weida Teile ihres Besitzes entreißen. Zudem erwarb er Sangerhausen. Während Plauen, Reichenbach und Mylau an Böhmen fielen, wurden Triptis, Auma, Ziegenrück, Adorf, Oelsnitz, Vogtsberg, Hirschberg und anderes an die Wettiner verkauft. Ungeachtet ihrer Verluste blieben die vögtischen Linien weiter bestehen.

Friedrichs II. Söhne Balthasar und Wilhelm teilten nach dem Tode ihres Bruders Friedrich III., der zuerst allein und dann mit ihnen gemeinsam die wettinischen Lande regiert hatte, diese 1382 in Chemnitz unter sich auf; Balthasar (gestorben 1406) erhielt Thüringen. Er tat manches für eine geordnete Landesverwaltung auf dem Wege zu einem landesherrlichen Territorium. Doch sein Sohn Friedrich IV., der Einfältige oder auch der Friedfertige, der übrigens als letzter Landgraf in Reinhardsbrunn beigesetzt wurde, ließ die fürstliche Stellung wieder verfallen, machte auch territoriale Zugeständnisse zum Nachteil des wettinischen Hausinteresses an seinen Schwiegervater Günter von Schwarzburg. Da er kinderlos war, fiel Thüringen nach seinem Tode im Jahre 1440 an die wettinischen Markgrafen von Meißen zurück, die 1423 nach dem Aussterben der Wittenberger Askanier von König Sigmund die von diesen bekleidete sächsische Kurwürde und die dazugehörigen Wittenberger Kurlande übertragen bekommen hatten. Kurfürst Friedrich II., der Sanftmütige (gestorben 1464), und sein Bruder Herzog Wilhelm III., der Tapfere (gestorben 1482), regierten zunächst noch gemeinsam, teilten aber 1445 nach dem „Halleschen Machtspruch" ihren Territorialbestand, wobei Thüringen an Wilhelm kam. Doch diese Lösung trug nicht. Es kam 1446 zu einem ruinösen Bruderkrieg, der aber 1451 im Frieden von Porte bei Naumburg (wo später die berühmte sächsische Fürstenschule entstand) mit der Bestätigung des Standes zu Kriegsbeginn endete.

Im Zusammenhang damit steht eine Episode, die unter der Bezeichnung „Altenburger Prinzenraub" bekannt geworden ist. Der Altenburger Amtmann

Hermann VIII., Graf von Henneberg 1488–1535,
und seine Gemahlin Elisabeth von Brandenburg
(Hochgrab in der Stadtkirche zu Römhild).

Das Schloß zu Altenburg, Nordseite.

Kunz von Kauffungen hatte ein Urteil des Leipziger Hofgerichts, das einen von ihm im Zusammenhang mit Friedrich II. geleisteten Diensten im Bruderkrieg erhobenen Entschädigungsanspruch abwies, nicht akzeptiert, da der Gerichtsherr und der Beklagte in der Person des Kurfürsten identisch seien. Daher begann er gegen Friedrich den Sanftmütigen eine Fehde und ließ in der Nacht vom 7. zum 8. Juli 1455 dessen Söhne Ernst und Albrecht aus dem Altenburger Schloß entführen. Altenburg war bei der Teilung von 1445 an die Mark Meißen gekommen. Aber Kunz unterlag und wurde am 14. Juli 1455 in der Bergbaustadt Freiberg hingerichtet.

Ungeachtet der Zerstörungen und des Autoritätsverfalls, die sich als Folge des Bruderkriegs eingestellt hatten, konnte Herzog Wilhelm, der Weimar zur bevorzugten Residenz des Landesherrn machte und dort auch seine letzte Ruhe fand, die territorialstaatliche Entwicklung Thüringens ein gutes Stück voranbringen. Zu erwähnen ist in diesem Zusammenhang die Landesordnung von 1446, ein herzogliches Gesetzeswerk, das manches in früheren Landfriedensordnungen Enthaltene weiterführte, die Gerichtsverfassung fixierte sowie weltliche und geistliche Gerichtsbarkeit mit einer deutlichen Tendenz zur Profanierung des Rechts voneinander schied, was auch auf eine Schmälerung der Autorität der Erfurt-Mainzer Jurisdiktion im Lande abzielte. Für die Energie Wilhelms war ein Sprichwort bezeichnend, das über ihn im Umlauf war: Wenn er die Sporen angelegt habe und zu Weimar über den Hof gehe, hieß es, so höre man ihn über das ganze Thüringer Land, und es möchte sich dann wohl vorsehen, wer ihm sie anzulegen Ursache gegeben habe.

Doch der von Herzog Wilhelm eingeschlagene Weg fand keine Fortsetzung. Nach dem Tode Wilhelms 1482 kam Thüringen an seine sächsisch-meißnischen Neffen Ernst und Albrecht, die 1455 aus Altenburg entführt worden waren. Jener als der Ältere und Inhaber der Kurwürde aber setzte mit der Leipziger Teilung von 1485 der Einheit des wettinischen Territorialbesitzes ein unwiderrufliches Ende und zerriß damit auch die historische Gestalt Thüringens. Der nördliche Teil (Freyburg, Sangerhausen, Thamsbrück im heutigen Landkreis Langensalza, dieses selbst und Gebesee an der Gera, nördlich Erfurt) fiel an Albrecht (albertinische Linie) und bildete innerhalb des Herzogtums den thüringischen Kreis, während der südliche Teil (Krayenberg, Gerstungen, Eisenach, Gotha, Weimar, Altenburg, Saalfeld und Coburg) Ernst zugesprochen wurde (ernestinische, die kurfürstliche Linie). Damit war die Entwicklung Thüringens zu einem fürstlichen Territorialstaat, ehe sie noch erste Ergebnisse zeitigen konnte, abgebrochen. Die Landgrafschaft wurde auf das Kurfürstentum und das Herzogtum Sachsen aufgeteilt.

II
Thüringer Fürsten und Territorien im Zeitalter der Glaubensspaltung und des Dreißigjährigen Krieges

Mit der Auflösung der Landgrafschaft im Jahre 1485 begann sich, wenigstens im Verständnis der Nachwelt, ein engerer, eingeschränkter Begriff von Thüringen einzubürgern. Er war identisch mit dem ernestinischen Anteil. Nicht nur, daß dieser mit der zeitweiligen Residenzstadt Weimar das gewichtigere der beiden Teilstücke war – er spielte auch im Zusammenhang der ernestinischen Länder eine bedeutendere Rolle, als das für den anderen Teil Thüringens als Bestandteil des albertinischen Komplexes der Fall war. Neben den Kurlanden um Wittenberg und Torgau sowie Südthüringen waren noch das Vogtland mit fränkischen Gebieten, Splitter der Mark Meißen, ein Teil des Osterlandes, ein Anteil am Pleißner Lande mit Altenburg und Zwickau sowie die Vogtei über das Stift Naumburg an den Ernestiner gefallen. Für den Albertiner, der mit diesem gemeinsam über Sagan (Niederschlesien), die Vogtei über das Stift Meißen, über die Schutzherrschaft über Erfurt, Mühlhausen und Nordhausen sowie über die Bergwerke der Wettiner verfügte, war sein thüringischer Anteil Nebenland; denn ihm war außerdem der Hauptteil der Markgrafschaft Meißen mit der Residenz Dresden, die anderen Teile des Pleißner und des Osterlandes nebst der Vogtei über das Stift Merseburg und die Abtei Quedlinburg sowie die Lehenshoheit über die Grafschaften Mansfeld, Stolberg, Honstein und Beichlingen zugefallen.

Kurfürst Ernst starb 1486 nach einem Sturz vom Pferd. In der Regierung folgte sein Sohn Friedrich III., der Weise; außerhalb der Kurlande regierte er gemeinsam mit seinem Bruder Johann dem Beständigen. Kurfürst Friedrich wurde zum Schutzherrn des Erfurter Augustinermönchs Martin Luther, den er als Professor an die von ihm 1502 gegründete Universität Wittenberg berief. Ihn, der im Begriff stand, die mittelalterliche Weltordnung umzustürzen, nahm er unter Berufung auf sein fürstliches Notrecht gegen die päpstliche Ladung nach Rom in Schutz und versteckte den Revolutionär wider Willen, der er doch war, nach der Verhängung der Reichsacht gegen ihn am Ende des Wormser Reichstages von 1521 auf der Wartburg. Freilich schreckte Friedrich, der treu und geduldig in seiner Residenz Torgau seine landesherr-

Friedrich der Weise, Kurfürst von Sachsen
(Kupferstich von Dürer).

lichen Pflichten erfüllte, vor den nicht nur ihm ungeheuerlichen Konsequenzen der lutherischen Lehre zurück; er nahm erst in der Todesstunde in seinem Jagdschloß Lochau (später Annaburg im heutigen Kreis Torgau) das Abendmahl in beiderlei Gestalt. Johann der Beständige und dessen Sohn Johann Friedrich waren bereits früher offen auf die Seite Luthers getreten, während dessen Wort einen Sturm entfesselt hatte, der nicht nur über die ernestinischen Lande fegte – und in manchem außer Kontrolle geriet. Kurfürst Johann warf mit seinen Verbündeten – unter ihnen vor allem der andere fürstliche Anhänger der Reformation, Landgraf Philipp von Hessen – im Jahre 1525 in Nordthüringen die von Thomas Müntzer geführten aufständischen Bauern nieder, die die lutherische Freiheit mißverstanden hatten.

Nachdem Kursachsen 1525 offiziell die Reformation eingeführt hatte, stellte sich Johann der Beständige, der zwischen 1528 und 1530 eine Kirchenvisitation zum Zwecke einer materiellen wie geistigen Grundlegung des neuen Kirchenwesens veranstaltete, ganz in ihren Dienst. Auf ihn folgte 1532 sein Sohn Johann Friedrich der Großmütige in der Regierung. Als grundsatztreuer Protestant betrieb dieser mit der Aufhebung des Stiftes Naumburg-Zeitz im Jahre 1542 erstmals die Säkularisierung eines geistlichen Territoriums und griff überdies das meißnische Stift Wurzen an, womit er die Geduld des Kaisers strapazierte.

Die Entwicklung unter den Albertinern stand ganz im Gegensatz dazu. Herzog Albrecht, der 1499 für seine Territorien das Erstgeburtsrecht eingeführt hatte, um künftige Erbteilungen zu verhindern, war 1500 gestorben. Sein Sohn und Nachfolger Georg der Bärtige war ein tüchtiger Landesherr von haushälterisch-sparsamem Sinn. Er verharrte zeit seiner langen Regierung (bis 1539) in einer trotzigen Ablehnung des Luthertums, das freilich seine Lande mehr und mehr eroberte. Dazu kam ein vielfältiger Gegensatz zu den Ernestinern, der der Tatsache entsprang, daß man bei der Teilung im Jahre 1485 den wettinischen Territorien den Charakter eines gemeinschaftlichen Familienbesitzes hatte erhalten wollen. An den gemeinsamen Eigentumsrechten – wie etwa an den Bergwerken von Schneeberg – entzündeten sich Interessengegensätze, zumal die Regelungen gemeinschaftlichen Eigentums Unklarheiten und Mißverständnisse zurückgelassen hatten. Diese Konflikte stärkten die Abneigung des durchaus rechthaberischen Herzogs gegenüber der neuen, von den ungeliebten ernestinischen Verwandten praktizierten Lehre. Nach seinem Tode indessen wendete sich das Blatt. Sein Bruder und Nachfolger Herzog Heinrich (1539–1541) war ein Freund der Reformation und führte diese sogleich (1539) auch im albertinischen Sachsen ein, wo die Zeit dafür im höchsten Maße reif war.

Doch die Durchsetzung des reformatorischen Bekenntnisses auch hier trug nicht zur Verbesserung der Beziehungen zum ernestinischen Kursachsen bei.

Georg der Bärtige,
Herzog von Sachsen (alter Holzschnitt).

Die alte Rivalität dauerte fort; keine der beiden Linien hatte die Hoffnung aufgegeben, sie könne dereinst den gesamten wettinischen Besitz wieder in ihrer Hand vereinen. Entscheidend war dabei vor allem, daß nach dem Tode Heinrichs 1541 in Gestalt von dessen Sohn Moritz ein Machtpolitiker die Regierung antrat. So wenig dieser je in seinem Luthertum schwankte, so sehr standen für ihn in einer für die deutschen Fürsten seiner Zeit, insbesondere evangelischen Bekenntnisses, ganz ungewöhnlichen Weise kirchlich-theologische Fragen oder gar der lutherische Lehrstreit hinter den weltlichen Machtinteressen seines Hauses zurück.

Die Stunde des jungen Herzogs kam 1546, im Todesjahr Luthers, als Kaiser Karl V., um doch noch die verlorengegangene Glaubenseinheit des Abendlandes wiederherzustellen, zu einem letzten Mittel griff und den Schmalkaldischen Bund, den von Kursachsen geführten politischen Zusammenschluß der evangelischen Reichsstände, mit Krieg überzog. Moritz erstrebte nicht weniger als die sächsische Kurwürde und die ernestinischen Lande sowie die Stifte Magdeburg und Halberstadt, zumindest die Anwartschaft auf sie. Kaiser Karl, der bestrebt sein mußte, das albertinische Sachsen auf seine Seite zu ziehen, hütete sich gleichwohl davor, Herzog Moritz darin weiter als unbedingt nötig entgegenzukommen. Es konnte ihm nicht darum gehen, seine Hand zur Bildung eines starken evangelischen Sachsen zu reichen; er mußte bestrebt sein, für eine Aufrechterhaltung der sächsischen Rivalität zu sorgen. So konzedierte der Kaiser dem ehrgeizigen Albertiner in einem am Rande des Reichstags zu Regensburg im Juni 1546 abgeschlossenen Vertrag im Gegenzug zu dessen Erklärung der Neutralität und seiner Bereitschaft, sich unter gewissen Vorbehalten dem gerade eröffneten Konzil von Trient zu unterwerfen, lediglich, ihm diejenigen ernestinischen Besitzungen einzuräumen, welche Kurfürst Johann Friedrich im Laufe der Kampfhandlungen verlieren werde. Die sächsische Kurwürde wurde ihm nicht versprochen. Eine Moritz zugestandene Schutzherrschaft über Magdeburg und Halberstadt verblieb vollkommen im Belieben des Kaisers, der sich des diplomatischen Geschicks seines Ministers Granvella bedient hatte. Moritz mußte gegen Johann Friedrich selbst kämpfen, wenn er seine Pläne verwirklicht sehen wollte – und an einem Verbündeten war Karl V. am meisten gelegen.

Dennoch ist Herzog Moritz nach dem Ausbruch des Krieges in Oberdeutschland im Sommer 1546 lange im Stande der Neutralität verharrt. Denn er wußte, wie stark der Widerwillen seiner Landstände gegen einen wettinischen Bruderkrieg in einem Augenblick war, in dem es ihnen um den rechten Glauben zu gehen schien. Erst als ihm der Kaiser die Kurwürde anbot und damit drohte, die Reichsacht, die im Juli gegen Johann Friedrich verhängt worden war, durch böhmische Truppen König Ferdinands, seines Bruders, vollstrecken zu lassen, griff er aus Furcht, um die von ihm erhofften Gewinne zu kommen, zum Schwert. Am 30. Oktober fiel er in die militärisch entblößten ernestinischen Lande seines kurfürstlichen Vetters ein, der ihm, körperlich und geistig schwerfällig und daher von ihm „Hans Dickwams" genannt, nur in seiner Standfestigkeit im Kirchenglauben überlegen war.

Auf die Nachricht vom Einfall des Herzogs in das Kurfürstentum hin brachen Kurfürst Johann Friedrich und seine Schmalkaldischen Verbündeten (auch weil ihre Kriegskassen vollkommen leer waren) ihre Operationen in Oberdeutschland ab; Ende November befand sich das gesamte Heer auf dem Rückmarsch nach Norden. Zu Weihnachten überschritt Johann Friedrich bei Eisenach die Grenze seiner Lande, konnte Westthüringen mit Leichtigkeit zurückgewinnen, Halle besetzen und im Januar 1547 Leipzig einschließen (um allerdings nach drei Wochen die Belagerung wieder aufheben zu müssen). Zudem flossen ihm aus den Stiften Halberstadt und Magdeburg, auf die es ja Moritz abgesehen hatte, und den norddeutschen Städten des Schmalkaldischen Bundes sowie auch aus Frankreich (das einen Sieg des Kaisers fürchtete) reiche Geldmittel zu. Zugleich hinderte ein Aufstand böhmischer Protestanten König Ferdinand daran, seinen von Herzog Moritz jetzt erwünschten Zug nach Mitteldeutschland ins Werk zu setzen. Schließlich setzten der Kurfürst und die Schmalkaldener durch einen Handstreich gegen Rochlitz (Zwickauer Mulde) die Hälfte des Moritz noch verbliebenen Feldheeres außer Gefecht, während Markgraf Albrecht Alkibiades von Brandenburg-Kulmbach, den der Kaiser zur Unterstützung des Albertiners geschickt hatte, in die Flucht geschlagen und gefangengenommen wurde. Das albertinische Sachsen war bis auf einige feste Plätze in der Hand Johann Friedrichs.

Der Kurfürst, der während der Kämpfe seitens der Bevölkerung auch der albertinischen Lande weitgehende Unterstützung gefunden hatte, hätte nun mit einem Zug nach Böhmen womöglich die Entscheidung für sich herbeiführen können, zumal dort wohl die böhmischen, die lausitzischen und die schlesischen Stände auf seiner Seite gewesen wären. Aber da fehlten ihm wie schon beim Feldzug an der Donau Entschlußkraft und Wagemut: Er zog sich in sein Lager bei Altenburg zurück und verhandelte, womit er Moritz und König Ferdinand, der inzwischen herangezogen war, eine diesen höchst willkommene Atempause gewährte. Da aber auch im Bunde mit König Ferdinand der Kurfürst von Moritz nicht bezwungen werden konnte, sah sich Kaiser Karl zum persönlichen Eingreifen genötigt. Anfang April vereinigten sich von ihm geführte Streitkräfte mit denen seines Bruders und des Herzogs in der Oberpfalz. Bevor sich Johann Friedrich, der von seinem neuformierten Gegner bei Meißen überrascht worden war, in das befestigte Wittenberg zurückziehen konnte, wurde er bei Mühlberg an der Elbe am 24. April 1547

Moritz, Herzog und seit 1547 Kurfürst von Sachsen
(nach Cranach gestochen von Kilian).

von einer vom Kaiser persönlich geführten Streitmacht gestellt, vollständig geschlagen und gefangengenommen.

Der Kaiser ließ den Kurfürsten zum Tode verurteilen und suchte ihm unter dem Druck dieses Urteils seinen Willen aufzuzwingen. In Fragen des evangelischen Glaubens und Gewissens blieb Johann Friedrich fest, während er sich in seiner Stellung als Reichsfürst vollständig der Gnade des Reichsoberhauptes ergab. Hatte er doch nur unter schweren Skrupeln, allein in der Sorge um sein Seelenheil und das seiner Untertanen die Waffe erhoben. Das Ergebnis legte die Wittenberger Kapitulation fest, nach deren Unterzeichnung am 19. Mai Wittenberg, Torgau und Gotha ihre Tore öffneten. Lucas Cranach, der im Gefolge Johann Friedrichs gewesen war, bat den Kaiser fußfällig um das Leben seines Herrn und teilte mit diesem die Haft, zu der er schließlich begnadigt worden war.

Trotz seines Sieges hat der Kaiser sein Ziel nicht erreichen können; um die Reformation in ihren Heimatlanden rückgängig zu machen, fehlten ihm die Kräfte. Moritz indessen, der in zahlreichen Flug- und Schmähschriften, die in Sachsen und Thüringen trotz kaiserlicher Verbote zirkulierten, als Feind des Evangeliums und „Judas von Meißen" bezeichnet wurde, erlangte am 4. Juni 1547 die ersehnte Kurwürde mit den Kurlanden sowie einen Großteil des ernestinischen Territorialbesitzes. Das Vogtland zog König Ferdinand als böhmisches Lehen an sich und belehnte mit dem bisherigen kurfürstlichen Anteil Heinrich V. von Plauen; Sagan verblieb beim König. Johann Friedrich, der erst am 1. September 1552 unter dem Druck der von Moritz gegen den ihm nun zu mächtig gewordenen Kaiser zusammengebrachten deutschen Fürstenopposition freikam und hinfort den Titel „geborener Kurfürst" führen durfte, blieb der (verkleinerte) ernestinische Anteil an Thüringen (ohne Arnshaugh im heutigen Kreis Pößneck, Weida und Ziegenrück). Es waren dies die Ämter Eisenach, Gotha, Weimar, Jena und Orlamünde. Nach dem Schlachtentod des Kurfürsten Moritz im Kampfe gegen den über seinen Territorialbestrebungen zum Landfriedensbrecher gewordenen Kulmbacher Markgrafen Albrecht Alkibiades 1553 forderte Johann Friedrich die Rückgabe der ihm entrissenen Lande. Tatsächlich sah der mit Kurfürst August geschlossene Naumburger Vertrag von 1554 vor, daß die Ämter Altenburg, Sachsenburg, Herbsleben im heutigen Kreis Langensalza (ohne Tennstedt), Eisenberg und die Burg Schwarzwald (im heutigen Kreis Gotha) wieder in den Besitz der Ernestiner übergingen und diese zudem neben einer Geldzahlung das Recht erhalten sollten, die Ämter Allstedt und Königsberg einzulösen (was auch geschehen ist). Als Residenz hatte Johann Friedrich, der eine Woche nach der Unterzeichnung des Vertrages starb, den bisherigen Regierungssitz Weimar gewählt, wohin ihm auch Cranach gefolgt und wo dieser 1553 gestorben war. Johann Friedrich ist auch der Stifter der 1558 gegründeten Uni-

Johann Friedrich der Großmütige, Kurfürst von Sachsen
(nach Cranach gestochen von Kilian).

versität Jena gewesen, die ihm ersetzen sollte, was mit Wittenberg verlorengegangen war. Auf seinem bitteren Weg in die Gefangenschaft hatte er noch die Anweisung dazu gegeben. Ein Standbild auf dem Marktplatz zu Jena erinnert an ihn.

Infolge der Entscheidung von 1547 wurde Thüringen noch mehr als schon nach der Teilung von 1485 mit den Landen der Ernestiner identifiziert, da diese nunmehr ausschließlich thüringische waren. Eingeschlossen in diesen landläufigen Begriff von Thüringen ist der Territorialbesitz der Häuser Schwarzburg und Reuß.

Die Schwarzburger waren ein thüringisches Herrengeschlecht, das sich im 11. Jahrhundert nach der Käfernburg bei Arnstadt (im Lengwitzgau) benannt hatte und 1123 seinen Namen von der Feste Schwarzburg (westlich Saalfeld) nahm. Es besaß in Südthüringen Grafenrechte und die Vogtei über das Kloster Ohrdruf und über Besitzungen des Klosters Hersfeld. Mannigfache Erbteilungen überlebte bis ins 16. Jahrhundert allein die Linie Schwarzburg-Blankenburg (seit 1275). Sie besaß Rudolstadt und Saalfeld (Reichslehen), seit 1340 Frankenhausen (landgräfliches Lehen) und anderes. Ihr gehörte König Günter an, der 1349 von den Wittelsbachern gegen Karl IV., den Böhmenkönig, erhoben worden war. Des Gegenkönigs Sohn und Nachfolger Heinrich XIII. erbte 1356 von seinem Schwiegervater, dem Grafen Heinrich V. von Honstein, das Gebiet von Sondershausen. Bei der Teilung der wettinischen Lande im Jahre 1445 kamen sämtliche schwarzburgischen Besitzungen unter die Oberhoheit Herzog Wilhelms in Weimar; seit der Auflösung des alten Thüringen 1485 stand die „obere Grafschaft", der südliche Teil des Schwarzburger Landes, unter der Oberhoheit Kursachsens und die „untere Grafschaft", der nördliche Teil des schwarzburgischen Besitzes, unter derjenigen des Herzogtums Sachsen.

Auch die Schwarzburger Länder sind von der Reformation erfaßt worden; Fürst Heinrich XXXIV. (1531–1538) ist einer ihrer eifrigen Förderer gewesen, seine Witwe Katharina, die den ehemaligen kaiserlichen Feldprediger und nunmehrigen evangelischen Pfarrer zu Saalfeld Kaspar Aquila, da eine Summe auf seinen Kopf ausgesetzt worden war, vier Monate auf ihrem Schloß Heidecksburg ob Rudolstadt verbarg, wurde durch ihr mutiges Auftreten gegenüber dem spanischen Feldherrn Herzog Alba bekannt.

Friedrich von Schiller erzählt nach einer Chronik des 16. Jahrhunderts, daß Kaiser Karl V. im Jahre 1547 nach der Schlacht von Mühlberg, als er auf dem Rückzug nach Süden war, der Gräfin Katharina von Schwarzburg und geborenen Gräfin von Henneberg einen Schutzbrief für ihre Untertanen gegen Plünderungen gewährte und dafür die Bereitstellung von Lebensmitteln für sein Heer gegen geringe Bezahlung zugesichert bekam. An diese Vereinbarung erinnerte die Gräfin Herzog Alba, als dieser sich eines Tages mit dem

*Entlassung des Kurfürsten Johann Friedrich aus der Gefangenschaft des Kaisers
(Holzschnitt aus der Mitte des 16. Jahrhunderts).*

Herzog von Braunschweig und dessen Söhnen zum Frühstück auf Schloß Heidecksburg ansagte. Diese erwartete „ein freundlicher Empfang und eine gut besetzte Tafel". Alba mußte gestehen, „daß die thüringischen Damen eine sehr gute Küche führen und auf die Ehre des Gastrechts halten". Als dann aber Meldungen im Schlosse eintrafen, daß doch geplündert und den Bauern das Vieh weggetrieben werde, und die Gäste lachend meinten, das sei eben Kriegsbrauch, antwortete Gräfin Katharina aufgebracht: „Das wollen wir doch sehen! Meinen armen Untertanen muß das Ihrige wieder werden, oder, bei Gott", rief sie mit erhobener Stimme, „Fürstenblut für Ochsenblut!" Unter diesen Worten strömte die unterdessen bewaffnete Dienerschaft in den Saal, und da auch die Schloßpforten wohl verriegelt worden waren, blieb Alba nichts anderes übrig, als einen Befehl an die Armee auszufertigen, das geraubte Vieh den Bauern unverzüglich wieder auszuliefern. „Sobald die Gräfin von Schwarzburg der Zurückgabe gewiß war, bedankte sie sich aufs schönste bei ihren Gästen, die sehr höflich von ihr Abschied nahmen", schreibt Schiller.

Der Nachfolger Heinrichs XXXIV., Günter XL., „mit dem fetten Maule", Katharinas Sohn (1538–1552), der alle schwarzburgischen Gebiete in seiner Hand vereinigte, hat im Schmalkaldischen Krieg allerdings auf der Seite des Kaisers gestanden. Sein Sohn und Nachfolger Günter XLI. (1552–1583) diente Kaiser Maximilian II. als Heerführer. Nach seinem Tode teilten seine beiden Brüder die schwarzburgischen Lande 1584 in die beiden Linien Schwarzburg-Arnstadt (seit 1716 Sondershausen) und Schwarzburg-Rudolstadt. Da nur an der oberen Grafschaft die Reichsstandschaft haftete, wurde, damit beide Linien an dieser Anteil hatten, ein Teil von ihr Sondershausen zugeschlagen. Demzufolge erhielt der Stifter der Linie Schwarzburg-Arnstadt (-Sondershausen), Johann Günter (gestorben 1586), zwei Drittel der unteren Grafschaft (die Ämter Sondershausen, Ebeleben, Bodungen, Keula, Schernberg, die Vogtei Haßleben und die Städte Sondershausen, Greußen und Ehrich) sowie ein Drittel der oberen Grafschaft (die Herrschaft Arnstadt sowie die Ämter Käfernburg und Gehren). 1621, mit dem Aussterben der Grafen von Gleichen, kamen aus deren Erbe noch Günthersleben, Sülzenbrücken, Ingersleben und Stedten hinzu, die wie bisher unter gothaischer Oberhoheit verblieben. Der Stifter der Linie Schwarzburg-Rudolstadt, Albrecht VII. (gestorben 1605), erhielt zwei Drittel der oberen Grafschaft (die Ämter Rudolstadt, Blankenburg, Schwarzburg, Paulinzelle, Leutenberg, Stadtilm und die Vogtei Seebergen) sowie ein Drittel der unteren Grafschaft (die Ämter Frankenhausen, Arnsburg, Straußberg, Kelbra, Heringen und Schlotheim). 1631 kam aus der Gleichenschen Hinterlassenschaft die alte schwarzburgische Burg Ehrenstein (im heutigen Kreis Arnstadt) hinzu. Zudem besaßen die Schwarzburger durch Kaiser Karls IV. Verleihung das Erbjägeramt (bis 1708) und das Reichserbstallmeisteramt. Seit 1713 galt die Erstgeburtserbfolge.

Die Geschichte des Hauses Reuß beginnt um das Jahr 1100 in der Gegend von Gera, wo Kaiser Heinrich IV. den Reichsministerialen Heinrich von Gleißberg, den Frommen (gestorben um 1120), zum Verwalter, also Vogt des dortigen Reichsgutes unter Einschluß der Regalien (also der Reichsrechte) mit der Amtsbezeichnung *advocatus* einsetzte. Heinrich und seine Nachfolger waren früh auch Lehensleute der Ludowinger. Der Vogtei über die Güter des Stifts Gera fügte Heinrich der Reiche (gestorben um 1200) die Vogtei über Greiz, Hof und Plauen hinzu, die er durch Heirat erworben hatte. Seine drei Enkel (ihr Vater war Landmeister des Deutschen Ordens in Preußen) stifteten um 1244 durch Teilung des Besitzes die Linien Weida, Plauen und Gera, deren jede den Vogtstitel führte.

Die Weidaische Linie erlosch um 1531/35, nachdem Weida selbst gute hundert Jahre früher wettinisch geworden war, die Geraer Linie 1550. Die Plauener Linie hatte sich 1306 in die Unterlinien Plauen und Reuß geteilt, letztere genannt nach dem Stifter Heinrich dem Reußen, der lange in Rußland gewesen war. Während die Plauensche Unterlinie 1572 erlosch, blühte die Unterlinie Reuß weiter. Dieser war ein wechselhaftes Geschick beschieden gewesen, wechselnd zwischen Sieg und Niederlage, territorialem Gewinn und Verlust. Die Söhne Heinrichs XIII. (gestorben 1535), der in seinen Landen die Reformation eingeführt hatte, verfielen nach der Niederlage des Schmalkaldischen Bundes, auf dessen Seite sie im Kampf gestanden hatten, der Reichsacht und verloren alle wettinischen und böhmischen Lehen, die sie in der Folgezeit nur teilweise zurückgewinnen konnten. Sie teilten 1564 den verbleibenden Besitz, wodurch die ältere (Untergreiz), die mittlere (Obergreiz) und die jüngere Linie (Gera) entstanden. Die Linie Untergreiz residierte im Unteren Schloß in der Stadt Greiz an der Weißen Elster, während die Fürsten der Linie Obergreiz auf dem noch mittelalterlichen, im Stile der Renaissance ausgebauten Oberen Schloß auf dem Schloßberg über der Stadt saßen.

Diese drei reußischen Linien beerbten 1572 die Plauensche Unterlinie. Die Linien Untergreiz und Gera traten die Erbschaft der 1616 erloschenen Linie Obergreiz an. Zur Linie Untergreiz gehörte seit 1594 Burgk, über dem Saalatal, südwestlich von Schleiz, bis 1697 eine eigene Herrschaft, dann Sommer- und Jagdsitz der reußischen Familie. Die Linie nannte sich seit 1616 Reuß-Greiz, später Reuß ältere Linie. Die Linie Gera teilte sich nach 1647 in drei Speziallinien: Reuß-Gera, Reuß-Schleiz und Reuß-Lobenstein. Das letztere zerfiel abermals in die Unterlinien Lobenstein (erloschen 1805), Selbitz (erloschen 1824) und Ebersdorf (erloschen 1853). Dieser Komplex nannte sich später Reuß jüngere Linie.

Seit 1673 waren sämtliche Herren von Reuß Reichsgrafen. Am Ende des 18. bzw. Anfang des 19. Jahrhunderts wurde das Haus Reuß mit Ausnahme von Reuß-Gera reichsfürstlich. 1681 bestimmte ein Hausgesetz ein Verbot

Cranach-Haus am Markt zu Weimar,
Erdgeschoß, Zustand 1991.

der Teilungen, und 1690 wurde die Erstgeburterbfolge (Primogenitur) eingeführt.

In dem ernestinischen Thüringen regierte nach dem großen Einschnitt
von 1547 und zur Zeit der Gefangenschaft Johann Friedrichs I. unter dessen
Oberleitung aus der Ferne dessen ältester Sohn Johann Friedrich II., der
Mittlere, zugleich auch im Namen seiner Brüder Johann Wilhelms und Johann
Friedrichs des Jüngeren (gestorben 1565), ohne daß das Ziel der Wiederge-
winnung der Kurwürde aufgegeben worden wäre. Das Land wurde in fünf
Kreise eingeteilt: Weimar, Altenburg, Pößneck, Gotha und Franken. Zur Zeit
der gemeinsamen Regierung der Brüder nach dem Tode des Vaters 1554 (bis
1557) wurde noch das ursprünglich hennebergische und kurz zuvor an die
Grafen von Mansfeld verkaufte Römhild neben Lichtenberg und Brückenau
(gegen Oldisleben im jetzigen Kreis Artern) eingetauscht. Johann Friedrich II.
konnte auch manches für die Entwicklung und Verwaltung des Landes wie
für das Gerichtswesen erreichen. Der Ausbau der Universität Jena kam unter
ihm voran, auch wenn die in dieser Zeit unumgänglichen theologischen
Streitigkeiten die Entwicklung behinderten. Die vom Landesherrn geförderte
lutherische Orthodoxie und deren Angriffe auf die Wittenberger Theologie
erwiesen sich mehr und mehr als unfruchtbar.

Mochte manches nach den Beunruhigungen und Niederbrüchen der
Reformationszeit in den ernestinischen Ländern auf Zeiten des ruhigen
Aufbaus und der Konsolidierung hindeuten, so schien sich doch bei Johann
Friedrich und seinem Bruder Johann Wilhelm ein unruhiges Blut bemerkbar
zu machen. Sie ließen den Hang zu politischen und militärischen Spekulatio-
nen erkennen, die die wirklichen Möglichkeiten des arg amputierten ernesti-
nischen Territorialbündels völlig außer acht ließen. Zuerst meinte Johann
Wilhelm, Gustav Wasa vom schwedischen Thron stoßen zu können, dann
begab er sich nacheinander in die Dienste zweier miteinander verfeindeter
Herren, Philipps II. von Spanien und Heinrichs II. von Frankreich.

Zeichen des Unheils zogen über den Thüringer Landen herauf, als Johann
Friedrich II., der von guter Auffassungsgabe und Bildung sowie keineswegs
unerfahren, sondern frühzeitig in streng lutherischem Sinne in die Staats-
geschäfte eingeweiht worden war, den würzburgischen Ritter Wilhelm von
Grumbach zu seinem Ratgeber machte. Denn dieser lag mit dem Bistum
Würzburg in Fehde, nachdem Bischof Melchior von Zobel ihm Familiengüter
entzogen hatte und nach Zobels gewaltsamem Tod bei dem Versuch des
Geschädigten, diesen gefangenzunehmen, auch der Nachfolger auf dem
Würzburger Stuhl die Herausgabe derselben verweigerte.

Bei den „Grumbachschen Händeln", wie man die Fehde bald nannte,
handelte es sich um eine letzte Erhebung der Ritterschaft gegen den sich mehr
und mehr befestigenden fürstlichen Territorialstaat. Seit dem Tode seines nach

der Schlacht von Sievershausen 1553 vollständig außer Gefecht gesetzten Herrn und Verbündeten gegen Würzburg, des Markgrafen Albrecht Alkibiades von Brandenburg-Kulmbach, im Jahre 1557 war Grumbach auf der Suche nach einem neuen potenten Alliierten gewesen und nun fündig geworden.

Was mag Johann Friedrich dazu bewogen haben, die ernestinischen Haus- und Staatsinteressen mit der Sache des Ritters von Grumbach zu belasten, zumal doch dessen Verfahren der Selbsthilfe größte Risiken in sich barg? Der Herzog hat sich Hoffnung darauf gemacht, seinem Hause im Zusammenhang mit den zu erwartenden Kämpfen, bei denen Grumbach auf einen allgemeinen Umsturz im Reiche abzielte, die sächsische Kur zurückgewinnen zu können. Er hatte von diesem die Zusage erhalten, daß er, wenn er in Würzburg zu dem Seinigen gekommen sei, er dem Herzog helfen werde, das ihm Gebührende zurückzugewinnen. Im Oktober 1563 konnte Grumbach Würzburg mit seinem Heerhaufen tatsächlich einnehmen, es plündern und verschiedene Güter an sich bringen, die auch in der Tat sämtlich früher sein unbestrittenes Eigentum gewesen waren.

Doch nun trat Kaiser Ferdinand auf den Plan, tat noch im Oktober Grumbach und seine Helfer in die Reichsacht und forderte von Johann Friedrich deren Auslieferung. Doch dieser dachte gar nicht daran. Der Geächtete fand aber auch anderenorts fürstliches Wohlwollen. Früher war selbst der Kaiser nicht ohne Verständnis für Grumbach gewesen. Der Gedanke an einen gütlichen Ausgleich fand insbesondere in Kurfürst Joachim II. von Brandenburg und Kurfürst Friedrich III. von der Pfalz seine Verfechter. Johann Friedrich indessen verband sein und seines Landes Wohl vollständig mit dem Schicksal Grumbachs. Hörig war der Herzog zudem den angeblich die Zukunft voraussagenden Engelstimmen, die der Bauernjunge Hans Müller, auch Tausendschön genannt, in sich zu vernehmen meinte oder auch (auf Veranlassung Grumbachs?) vernehmen sollte. Die Umgebung des Herzogs verlor mehr und mehr den Boden der Realitäten unter den Füßen – Reichtum und das Kaisertum waren Gegenstände ihrer Wunschträume. Der Ritter von Grumbach, weniger illusionistisch, plante für den Jahreswechsel 1564/65 einen Überfall auf Kurfürst August von Sachsen und zog zu diesem Zweck Söldnerhauptleute, Kriegsknechte und zum Teil dem Adel angehöriges Gesindel in die Dienste Johann Friedrichs, das, nachdem der sächsische Plan sich zerschlagen hatte, anderwärts Ernährung und Beschäftigung suchte und so zu geheimen Raubzügen ausschwärmte, die bis ins Kursächsische und ins Kurpfälzische führten.

Da griff Johann Friedrichs Bruder Johann Wilhelm ein, der trotz des langsamen Laufes der Reichsmaschine das Unheil nahen sah. Denn die Langmut der deutschen Fürsten, namentlich des Kurfürsten von Sachsen, war erschöpft. Hatte Johann Friedrich seit 1557 allein regiert, so setzte der Bruder 1566 eine

Verwaltungs- und Nutzungsteilung auf sechs Jahre durch, die ihm selbst Weimar und Coburg zuwies, Johann Friedrich aber die Regierung Gothas beließ, wodurch diesem die Festung Coburg verlorenging. Im Mai desselben Jahres wurde über Grumbach – nunmehr durch Kaiser Maximilian II. – die Aberacht verhängt, und Ende Dezember, nachdem Johann Friedrich selbst in die Acht getan worden war, schritt Kurfürst August als der reichsrechtlich dafür Zuständige zur Reichsexekution. Die Stadt Gotha und die Festung Grimmenstein, die der Herzog als seinen hauptsächlichen Aufenthaltsort hatte herrichten lassen, wurden durch sein Heer, das aus etwa 1300 Reitern und 700 Fußknechten bestand, vollkommen eingeschlossen. Die Besatzung, 1500 Mann wehrpflichtiger Bauern, 500 Gothaer Bürger sowie Hofbedienstete und Junker, erlag, nachdem das Heer der Belagerer einen Umfang von 10.000 Mann zu Fuß und 6000 zu Pferde angenommen hatte, dem Eindruck ihrer Unterlegenheit sowie Briefen, Flugblättern und Zurufen von außen, so daß Gotha am 4. April 1567 nach einer Meuterei schnell in die Hand des Kurfürsten fiel. Johann Friedrich mußte sich am 13. April dem Kaiser auf Gnade oder Ungnade ergeben. Grumbach und der gothaische Kanzler Brück wurden am 18. April auf dem Markt geviertelt und der Grimmenstein geschleift. Der Herzog mußte wie sein Vater das harte Brot der Gefangenschaft essen, ohne wie dieser, da er in der ihm eigenen Hartköpfigkeit eine vollkommene Kapitulation verweigerte, je wieder freizukommen. Er durchstand das ruhigen Gemüts, schöpfte aus Predigten und geistlicher Lektüre sowie aus eigenen Ausarbeitungen, Erbauungsschriften und Gedichten, Trost. Die überwiegende Zeit in Wiener Neustadt inhaftiert, starb er 1595 auf Schloß Steyr (Oberösterreich), wohin man ihn wegen des damaligen Türkenkrieges gebracht hatte.

Infolge dieses Ausgangs der Grumbachschen Händel fiel auch Gotha an Johann Wilhelm, der sich unterdessen nach Coburg zurückgezogen und sich, um so viel wie möglich zu retten, sogar an der Reichsexekution gegen seinen Bruder beteiligt hatte. Kurfürst August forderte von ihm die Erstattung der Exekutionskosten. Als Pfand mußten ihm die Ämter Weida, Arnshaugh, Ziegenrück und Sachsenburg bis 1571 ausgeliefert werden (Weidaer Abschied); nachdem bis zu dieser Frist seine Forderungen nicht befriedigt worden waren, fielen die assekurierten, also als Sicherheit ausgelieferten Ämter ganz an den Albertiner.

Inzwischen hatte sich Johann Wilhelm abermals – wie übrigens zuvor auch Grumbach – in die Dienste des nun mit der Hugenottenbekämpfung beschäftigten französischen Königs begeben, von dem er sich Rückhalt gegenüber dem albertinischen Rivalen erhoffte. Doch machte er sich damit nicht nur bei seinen evangelischen Glaubensgenossen unbeliebt, er brachte dadurch den Kaiser derart gegen sich auf, daß dieser im Jahre 1570 die Söhne Johann

Friedrichs II., Johann Casimir und Johann Ernst, in den väterlichen Besitz, also Gotha, einsetzte. Infolge der Erfurter Teilung von 1572, in die er einwilligen mußte, wurde die ernestinische Territorialmasse in zwei Teile zerlegt. Johann Wilhelm erhielt Weimar, dessen Schwerpunkt an der Saale lag (Jena, Camburg, Saalfeld) sowie Altenburg und ein Gebiet südlich von Gotha umfaßte; an Johann Casimir und Johann Ernst kamen Gotha, Coburg und Eisenach. Die Vormundschaft über die beiden Prinzen wie – Johann Wilhelm starb 1573 – über dessen Söhne Friedrich Wilhelm I. (gestorben 1602) und Johann III. (gestorben 1605) hatte Kurfürst August von Sachsen inne.

Dieser setzte in Coburg in der Person des Grafen Barby einen Statthalter ein. Doch seit 1586 regierte hier Johann Casimir selbst, der zwar oft genug der Erledigung seiner Regierungspflichten durch Spiel und Jagd auswich, zu Rachsucht neigte, andererseits aber einen Blick für innenpolitische Gegebenheiten zeigte und bei der Auswahl seiner Ratgeber eine glückliche Hand bewies. Er begründete um 1600 einen Geheimen Rat und ein Konsistorium, eine Behörde also, durch die die Befugnisse, die er wie alle lutherischen Landesherren als oberster Bischof innehatte (landesherrliches Kirchensystem), ausgeübt wurden, womit er das Herzogtum Coburg der Zuständigkeit des ernestinischen Konsistoriums zu Jena entzog. Diese Einrichtungen ließen das Coburger Territorium längerfristig zu einer politischen Einheit verschmelzen, die in manchem bis 1918 Bestand gehabt hat. Johann Casimir war auch der Gründer des Gymnasiums Casimirianum, das bis heute fortlebt und sein Andenken lebendig erhält. Er hat diese hohe Schule, deren Oberstufe sich durch universitätsähnlichen Unterricht auszeichnete, nach dem Vorbild mancher anderen Anstalt der Zeit, wie Straßburgs oder Altdorfs bei Nürnberg, zu einer Hochschule fortbilden wollen, was ihm versagt geblieben ist.

Im Unterschied zur Innenpolitik blieb Johann Casimir auf dem Felde der Außenpolitik von Kursachsen abhängig. Er hat aber alte Streitfragen, die zwischen Coburg und den Hochstiften Bamberg und Würzburg sowie Weimar schwebten, durch Verträge aus der Welt zu schaffen verstanden. In dieser Beschränkung „reiht sich Johann Casimir in die Schar derjenigen deutschen Fürsten ein, die den deutschen Kleinstaat als einen historischen Beitrag zum deutschen Staat wie zur deutschen Kultur bis heute rechtfertigen" (G. Heyl).

Nach dem Tode Friedrich Wilhelms I. von Weimar kam es 1603 abermals zu einer Teilung, durch die sein Bruder Johann III. Weimar und seine Söhne, die zunächst unter der Vormundschaft des Kurfürsten von Sachsen standen, Altenburg erhielten. In der Regierung der neuen Linie Sachsen-Weimar folgten auf Herzog Johann, der acht unmündige Söhne zurückließ, von diesen Johann Ernst (1605–1626) und Wilhelm IV. (1626–1662). Diese haben die Fährnisse des großen Krieges mit großer Tatkraft zu durchsteuern versucht.

Das muß angesichts ihres Luthertums, das doch an sich zu einem tatenscheuen Quietismus geneigt machte, und angesichts der geringen Größe ihrer Lande Erstaunen erwecken.

Im Jahre 1619 faßten Johann Ernst und sein Bruder Friedrich, die von Friedrich Hortleder in einem Luthertum der strengen Observanz erzogen worden waren, sowie ihr Bruder Wilhelm mit anderen Angehörigen der evangelischen Union den Entschluß, den Kampf an der Seite der gegen Habsburg aufgestandenen Böhmen mit auszufechten. Daraus ergab sich eine Verstrickung in die Kämpfe des Dreißigjährigen Krieges, in dem die Ernestiner für die nach ihrer Überzeugung gerechte konfessionelle und politische Sache keine geringen Opfer brachten. Herzog Friedrich fiel 1622 unter Herzog Christian von Braunschweig bei Fleurus im Hennegau. Als Truppenführer in demselben Heere wurde ein Jahr später sein Bruder Wilhelm bei Stadtlohn im Münsterland verwundet und geriet in die Gefangenschaft des bayerischen Generals Tilly. In einem Gefecht gegen diesen fiel 1625 Friedrich von Altenburg. Im folgenden Jahre starb Johann Ernst während eines Feldzuges nach Ungarn an Fieber, worauf ihm Wilhelm in der Regierung folgte. Johann Friedrich von Weimar starb, vorübergehend in die Gefangenschaft Tillys geraten und uneins mit seinen Brüdern, die ihm seine Neigung zur Magie austreiben wollten, 1628 unter ungeklärten Umständen in deren Haft.

Die Ernestiner blieben eng mit der Krone Schwedens verbunden. Wilhelm fungierte als schwedischer Statthalter in Thüringen und dem Eichsfeld, während sein Bruder Ernst, im Gefolge König Gustav Adolfs, Statthalter in Franken wurde. Militärische wie politische Bedeutung gewann Bernhard von Weimar, der wie seine Brüder dem Protestantismus und der deutschen Libertät herzlich zugetan war. Zum General ernannt, wurde er nach dem Tode Gustav Adolfs bei Lützen im Jahre 1632, wo er das Kommando aus den Händen des sterbenden Königs übernommen hatte, mit der Führung der in Süddeutschland operierenden schwedischen Armee betraut und von Königin Christine schließlich zum Herzog von Franken erhoben. Als dieser gebot er über die Bistümer Würzburg und Bamberg, die er als schwedische Lehen empfangen hatte. Infolge seiner Niederlage in der Schlacht bei Nördlingen im Jahre 1634 verlor er Franken wieder und erlangte durch einen 1635 geschlossenen Vertrag mit Frankreich, das ihn gegen den Kaiser im Felde zu halten wünschte, die Anwartschaft auf die Landgrafschaft Elsaß und die Landvogtei Hagenau.

Doch das Gewicht, das der Weimarer Prinz und Feldherr nach beträchtlichen Erfolgen im Kampfe mit den Kaiserlichen, insbesondere nach der Einnahme von Breisach 1638 im deutschen Südwesten gewonnen hatte, wurde Kardinal Richelieu bald unbequem. Frankreich beabsichtigte nicht, Gewinne in der für seine Stellung so wichtigen Rheinzone mit ihm zu teilen. Als er im

Universität Jena
(aus: Erhard Weigel, Speculum Uranicum, Jena 1661).

Sommer 1639 an einem schleichenden Fieber, wohl den schwarzen Blattern, nicht ganz 35jährig, starb, verstummten Gerüchte lange nicht, die von einem französischen Giftmord wissen wollten.

Mitten im Kriege erhielt Weimar, nun von Wilhelm regiert, territorialen Zuwachs. 1631 fiel ein Teil des Erbes der in diesem Jahre ausgestorbenen Grafen von Gleichen an das Herzogtum: Remda, Bösleben und Tromlitz, 1635 Tonndorf (ursprünglich mainzisch und 1680 wieder bei Mainz) sowie 1640 Eisenach, Volkenroda, Lichtenberg, Kreuzberg, Krayenberg, Gerstungen, das Kloster Allendorf (im heutigen Kreis Bad Salzungen), Salzungen, Gotha, Reinhardsbrunn, Heldburg, Ummerstadt, Tenneberg, Waltershausen, Veilsdorf, Eisfeld (im heutigen Kreis Hildburghausen) und die Hälfte des wegen der Durchgangsstraßen ergiebigen Erfurter Geleits. Dieser Bestand stammte aus dem Coburg-Eisenacher Besitz der Söhne Johann Friedrichs II., Johann Casimir und Johann Ernst, der nach dem Tode des letzteren (1638) freigeworden war.

Nach dem Anfall dieses Erbes, also 1640, kam es zu einer Teilung des Weimarer Besitzes: Wilhelm IV. behielt Weimar, seinem Bruder Ernst dem Frommen überließ er Gotha und seinem Bruder Albrecht, der bereits 1644 sterben sollte, Eisenach, das Wilhelm und Ernst dann untereinander aufteilten. Im Zuge der endlichen Beilegung des lange währenden Streites um die Erbschaft der 1583 ausgestorbenen Grafen von Henneberg zwischen den Albertinern und den Ernestinern im Jahre 1660 gelangte Ilmenau an Weimar, während Wasungen an Gotha fiel.

Ein Sonderfall des hennebergischen Erbes war Schmalkalden. Dieses war, wie erwähnt, nach dem Tode Heinrich Raspes 1247 an Hermann I. von Henneberg gefallen. Seit 1360 hatte es sich mit kurzen Unterbrechungen in gemeinschaftlichem Eigentum der Grafen von Henneberg-Schleusingen und der Landgrafen von Hessen befunden. Die Henneberger besaßen Atzerode, den Gutshof zu Weidebrunn, Altersbach, die Pfarrgerechtigkeit in Brotterode und Kleinschmalkalden sowie mehrere Berge; Hessen übte in Asbach, Seligenthal, Näherstille und Mittelschmalkalden die Hoheit aus. Im einzelnen waren die Rechte zwischen den beiden Partnern vielfach strittig gewesen. Gemäß Erbvertrag von 1521 hatten nach dem Tode des letzten Hennebergers, Graf Georg-Ernsts, die Landgrafen von Hessen die Nachfolge in dessen Anteil von Schmalkalden angetreten und dieses somit ganz in ihrer Hand vereinigt.

1672 war dann noch der Besitz der 1603 begründeten Altenburger Linie zu vergeben, die in diesem Jahre erloschen war. Mit ihm gelangten Coburg, Rodach, Römhild, Hildburghausen, Sonneberg und Pößneck, das Altenburg 1640 aus dem Coburg-Eisenacher Erbe zugefallen war, sowie Meiningen und Themar, die aus dem hennebergischen Erbe stammten, an Sachsen-Gotha; Sachsen-Weimar erhielt ein Viertel des Meininger Gebiets.

Herzog Bernhard von Weimar.

Hildburghausen, Rathaus, ursprünglich Wasserburg der Grafen von Henneberg,
im Kern spätgotisch, 1395 zum Rathaus umgebaut.

Somit bestanden seit 1672 die ernestinischen Wettiner aus den Linien Sachsen-Weimar und Sachsen-Gotha-Altenburg. Es splitterten sich von diesen mehr oder minder langlebige Seitenzweige ab – von Sachsen-Weimar: Sachsen-Marksuhl (1672–1741), Sachsen-Eisenach (1672–1741) und Sachsen-Jena (1672–1690) sowie von Sachsen-Gotha: Sachsen-Coburg (1681–1699), Sachsen-Meiningen (1681–1918), Sachsen-Römhild (1681–1710), Sachsen-Eisenberg (1618–1707), Sachsen-Hildburghausen (1680–1826) und Sachsen-Saalfeld (1680–1826, seit 1735 Sachsen-Coburg-Saalfeld). 1685 führte Sachsen-Gotha-Altenburg, 1715 Sachsen-Hildburghausen, 1724 Sachsen-Weimar und 1733 Sachsen-Saalfeld die Primogenitur ein, so daß sich die Zahl der ernestinischen Linien nicht mehr vermehrte.

III
Absolutismus, Aufklärung
und dynastische Zersplitterung
im Thüringen des 17. und
des 18. Jahrhunderts

Auch Thüringen hatte im Dreißigjährigen Krieg wie manch andere Region in Deutschland schweren Schaden erlitten. Glimpflich davongekommen waren vor allem die befestigten Städte und ihre Umgebung sowie Gegenden, die abseits der großen Heerstraßen lagen. So wurde in der Umgebung der bewehrten Residenz Weimar 1642 noch vielfach die ganze Feldflur bestellt, während im gesamten Herzogtum im Durchschnitt zwei Drittel der Felder brachlagen. Entsprechend hielten sich die Bevölkerungsverluste meist unter 25 Prozent und überstiegen nur selten die Marke von 50 Prozent. Die abgelegenen gothaischen Ämter Schwarzwald (um Georgenthal) und Friedrichroda waren in den letzten Kriegsjahren im weiten Umkreis die einzigen, die sich einen größeren Viehbestand hatten bewahren können. Im Gräflich-Hatzfeldschen Amt Blankenhain hingegen, nur etwa 20 Kilometer südlich von Weimar, an der Schwarza gelegen, wo sich zwei Heerstraßen kreuzten, waren im Jahre 1642 von 166 Häusern 120 zerstört, von 5750 Äckern nur 698 bestellt sowie nur noch 19 Pferde, 33 Kühe und 15 Ziegen vorhanden. Die gesamte Grafschaft Henneberg, die seit dem Aussterben des Grafenhauses im Jahre 1583 von den albertinischen und den ernestinischen Wettinern interimistisch gemeinsam verwaltet wurde, hatte zwischen 1634 und 1649 einen Bevölkerungsrückgang auf etwa ein Drittel zu beklagen; das ehemals hennebergische Amt Fischbach in der Rhön mußte zwischen 1634 und 1649 einen Bevölkerungsverlust von 90 Prozent hinnehmen.

Der Neuaufbau gestaltete sich am hoffnungsvollsten im Herzogtum Gotha-Altenburg unter Herzog Ernst I. dem Frommen (seit 1640). Er hat sein seit 1643 in Bau befindliches Schloß, „groß in den Abmessungen, in der Ausführung sparsam, nüchtern, schwerfällig, fast noch mehr im Charakter einer Zitadelle als eines fürstlichen Wohnhauses, ein echtes Abbild der freudenarmen Stimmung am Ende des großen Krieges" (G. Dehio), zuversichtlich „Friedenstein" genannt.

Herzog Ernst hat diesen Wiederaufbau des Landes mit den Mitteln einer Behördenorganisation geleitet, die auf der Höhe der Verfassungsentwicklung

Herzog Ernst der Fromme (Stich von J. von Sandrart).

in Deutschland stand. Ihr Rückgrat waren drei Kollegien, deren Geschäftsgang durch Ordnungen und Instruktionen geregelt war. Es war das zum einen das Konsistorium, jene Behörde, die das landesherrliche Kirchenregiment ausübte, die kirchliche Rechtsprechung besorgte und die Finanzen der Kirche verwaltete. Zum anderen handelte es sich dabei um die Regierung, in der so gut wie alle politischen Angelegenheiten sowie die wichtigsten Rechtsfragen zur Beratung kamen, um dann zur Beschlußfassung gebracht zu werden, der die endgültige Entscheidung des Landesherrn folgte. Zudem fungierte die Regierung als Gericht in höchster Instanz – und zwar in vollem Umfange, da den gesamten Landen des früheren Kurfürstentums Sachsen das *Privilegium de non appellando* verliehen worden war, demnach also nicht an das Reichskammergericht oder den Reichshofrat zu Wien appelliert werden konnte. Als Drittes kam die Kammer hinzu, die den Grundbesitz des Fürsten sowie die Einkünfte aus den Regalien, vor allem aus den auf Land- und Wasserstraßen erhobenen Zöllen, verwaltete. Über diese drei Kollegien wurde 1651 ein Geheimer Rat gesetzt, zum ersten Male in Thüringen, wenn man von der Vorwegnahme dieses Verwaltungsorgans, das der Staatsverwaltung einen Zug ins Große verlieh, durch Johann Casimir in Coburg um 1600 absieht. Die unteren Ebenen der Behördenorganisation bestimmten eine Kirchen- und Schulordnung (1670) und eine „Revidierte und vermehrte Landesordnung" (1667) sowie diverse Dienstvorschriften.

Es ist der aus Herzogenaurach in Oberfranken gebürtige Kanzler Ernsts des Frommen, Veit Ludwig von Seckendorff (1626–1692), gewesen, der die Erfahrungen, die er im Laufe seiner gothaischen Behördenlaufbahn gesammelt hatte, in seinem „Teutschen Fürstenstaat" von 1656 zu einem Musterbuch des frühen deutschen Absolutismus verarbeitet hat. Es erfaßte „zum ersten Male die Wirklichkeit der landesherrlichen Innenverwaltung als Gegenstand wissenschaftlicher Betrachtung, während die Juristen, die sich für den Staatsdienst vorbereiteten, auf den Universitäten bisher nur durch eine Jurisprudenz geschult wurden, die im wesentlichen römisch-rechtlich bestimmt war, und durch ein Reichsrecht, dem doch kein lebendiger Wirklichkeitsgehalt mehr entsprach" (H. Haussherr). So hat Seckendorff das Werk seines Herrn, indem er den Gothaer Staat seinen Lesern idealtypisch vor Augen stellte, verewigt und sein Buch wissenschaftlichen Wert behalten, bis es 1755 durch Justis Staatswirtschaft überholt wurde.

Wirtschaftspolitisch ging es Herzog Ernst vor allem darum, den Produkten des Landes, Holz, Getreide, Waid, Pech und Eisenwaren, den Weg über die Weser und die Elbe zu bahnen und ihnen so größeren Absatz zu verschaffen. Er hat daher die Schiffbarmachung der Werra und der Unstrut zu betreiben versucht, ist damit aber – schon an deutschen Eifersüchteleien und kleinen Lokalinteressen – gescheitert. Eine außerdem erstrebte Verbindung zwischen

Gotha mit Schloß Friedenstein (Matthaeus Merian).

Main und Werra mit Hilfe eines Kanals erwies sich als technisch unmöglich. Immerhin gelang es dem Herzog, nach dem Stadtbrand von London im Jahre 1666 von dort Bestellungen zu erhalten, gegen die Zahlung guter Preise große Mengen an Bauholz und Dielen zu liefern, die dann über die Werra und die Weser nach Bremen und von dort auf die Britischen Inseln transportiert wurden.

Ernst I. von Gotha hat eine spezifische Form des frühabsolutistischen Fürstenstaates entwickelt, die entsprechend seinem Beinamen weniger die Staatsräson als einen christlichen Auftrag und christliche Verantwortung des Landesherrn zum Kern hatte und somit an das Amtsverständnis der deutschen Fürsten der Reformationszeit, namentlich des evangelischen Bekenntnisses, anknüpfte. Dabei hatte er in Kriegszeiten auch die alte Kirche toleriert, was er als Verwalter der Bistümer Würzburg und Bamberg für seinen Bruder Bernhard bewiesen hatte. Die Verwüstungen vor Augen, die der große Krieg auch unter den Menschen angerichtet hatte, ging es ihm in erster Linie um das Seelenheil seiner Untertanen. Um diese beim rechten evangelischen Glauben zu halten oder zu ihm zurückzuführen, nutzte er die von ihm entwickelte Bürokratie. Er ließ Visitationen veranstalten sowie „Seelenregister" anlegen und führen, um bis ins einzelne über den Lebenswandel und den Abendmahlsgenuß seiner Landeskinder im Bilde zu sein. Er ließ „Informationen" einrichten, in denen Pfarrer in regelmäßiger Folge „alle und jede Christen, jung und alt" in der Katechismuserklärung und Bibelkunde unterwiesen. Er selbst fragte an der Kirchentüre zuweilen den Katechismus ab. Noch zu den Lebzeiten Herzog Ernsts ging im Reich die Rede, seine Bauern seien frömmer und gelehrter als in anderen deutschen Landen die Edelleute. Er ließ eine Ernestinische Bibelausgabe herausgeben und volksbildende Bücher zu geringen Preisen vertreiben.

In diesem Sinne hat sich Ernst der Fromme auch um das Schulwesen gekümmert und damit einen wesentlichen Beitrag zur Grundlegung der deutschen Volksschule geleistet. Der aus dem Friedensjahre 1648 stammende „Schulmethodus" seines Pädagogen Andreas Reyher, eines aus der Gegend von Suhl stammenden Gymnasiallehrers, war die erste selbständige staatliche Volksschulordnung, die strikte Schulpflicht festlegte und bibelfeste Gläubigkeit zum vornehmsten Ziel des Unterrichtes erklärte. Sie ist weit über die Grenzen des Herzogtums hinaus vorbildlich geworden. Die Gothaer Volksschule zeichnete im übrigen ein praktisch-realistischer Zug aus. Auch das Gothaer Gymnasium, das seine Gründung war, hat Ernst der Fromme zu einer Musterschule entwickeln lassen. Es wurde im Herbst 1945 aufgelöst. Ernsts Ideal eines in der irdischen Welt tätigen evangelischen Christen hat im Halleschen Pietismus August Hermann Franckes fortgewirkt, der der Sohn einer seiner Hofräte gewesen war.

Ernst der Fromme hatte mit der frühabsolutistischen Staatlichkeit, die von ihm im Herzogtum Gotha aufgebaut worden war, die Voraussetzungen dafür geschaffen, daß Thüringen oder ein Teil desselben sich doch noch zu politischer Bedeutung erheben konnte. Wenn er sich mit namhaften Truppenkontingenten an den Kriegen gegen die Türken und gegen das nach Vorherrschaft in Europa strebende Frankreich Ludwigs XIV. beteiligte, wurde der Anspruch darauf unmißverständlich angemeldet. Aber eines hatte der Herzog nicht befriedigend geregelt: seine Nachfolge. Sein Testament schloß eine Landesteilung nicht aus – und daran sollten die politischen Perspektiven des gothaischen Staatswesens zuschanden werden.

Denn bald nach dem Tode Ernsts des Frommen im März 1675 kam es zu einer Erbteilung. Dem ältesten Sohn verblieb nach den Landesteilungsverträgen von 1680 und 1681 als Friedrich I. (1675–1691) ein gothaischer Rumpfstaat, der etwa zwei Fünftel des Territoriums seines Vaters ausmachte, mit den Ämtern Gotha, Tenneberg, Wachsenburg mit Ichtershausen, Georgenthal, Schwarzwald, Reinhardsbrunn, Volkenroda (im heutigen Kreis Mühlhausen), Oberkranichfeld, Altenburg, Leuchtenburg mit Orlamünde sowie (bis dahin nicht wettinisch) Gräfentonna. Der dritte Sohn Ernsts I., Bernhard, begründete 1681 das Herzogtum Meiningen, das die ehemals hennebergischen Ämter Meiningen, Wasungen, Sand und Frauenbreitungen sowie die ernestinischen Ämter Salzungen und Altenstein (letzteres erst seit 1722) umfaßte.

Der sechste Sohn Ernsts des Frommen, Ernst, wurde mit dem im Jahre 1680 neugeschaffenen Herzogtum Sachsen-Hildburghausen ausgestattet, das aus den Ämtern Hildburghausen, Heldburg, Eisfeld, Veilsdorf und Schalkau bestand sowie 1683 um Königsberg in Franken und 1705 um Sonnefeld vermehrt wurde. Ebenfalls 1705 wurde Ernst durch Gotha die volle Landeshoheit eingeräumt. Herzog Ernst Friedrich I. (1715–1724) rundete mit seinem Anteil aus der Hinterlassenschaft der 1710 erloschenen Linie Römhild sein Territorium ab, sah sich aber, von Schulden bedrängt, 1723 dazu genötigt, das Amt Schalkauf (im heutigen Kreis Sonneberg) gegen Geldzahlungen und im Tausch gegen vier Dörfer an Sachsen-Meiningen abzutreten. 1717 hatte er in Erfüllung des Vermächtnisses seines Vaters im Osten Hildburghausens für französische Glaubensflüchtlinge eine Neustadt anlegen lassen, in der die Neustädter reformierte Kirche entstand, die 1774 geweiht wurde. Doch waren es Bauten (vor allem das 1707 vollendete Schloß und das Regierungsgebäude von um 1760) sowie eine prachtvolle Hofhaltung, der Regierungsapparat und das Militär, die das kleine Herzogtum schon bald überforderten. Auf Ernst Friedrich I. folgte Ernst Friedrich II. (1724–1745), auf diesen Ernst Friedrich III. (1745–1780) und auf diesen Herzog Friedrich (1780–1826 bzw. 1834). Mitte des 18. Jahrhunderts waren die Finanzen derart zerrüttet, daß eine kaiserliche Schuldenkommission in Tätigkeit treten mußte. Für Herzog Friedrich führte sein Großoheim Joseph Friedrich, der kaiserliche Feldmarschall (1702–1787), in den Jahren 1780 bis 1784 als Obervormund die Regierung. Es gelang ihm dabei eine Sanierung der Finanzen, um die er sich bereits seit 1758 bemüht hatte.

Der jüngste Sohn Ernsts I., Johann Ernst, stiftete 1680 das Herzogtum Saalfeld mit den Ämtern Saalfeld, Gräfenthal, Probstzella, Lehesten und (1682) Pößneck, wobei die Landeshoheit bei Gotha (Nexus Gothamus) verblieb. Aus der von Albrecht, einem weiteren Sohn, 1681 begründeten, aber bereits 1699 wieder erloschenen Coburger Linie sowie aus dem Römhilder Erbe fielen nach langen Erbstreitigkeiten im Jahre 1735 zusätzlich noch Stadt und Amt Coburg, die Gerichte Rodach, Neustadt an der Haide, Gerstungshausen, Kloster Mönchröden, ein Drittel von Römhild und fünf Zwölftel von Themar an. Die verbleibenden zwei Drittel des Amtes Römhild und sieben Zwölftel von Themar gingen an Sachsen-Meiningen. Aus dem Herzogtum Sachsen-Saalfeld wurde das Herzogtum Sachsen-Coburg-Saalfeld. In der Regierung folgten hier auf Johann Ernst dessen gemeinschaftlich regierende Söhne Christian Ernst (1729–1745) und Franz Josias (1729–1764).

Römhild und Themar stammten aus dem Erbe des Herzogtums Sachsen-Römhild, das von Ernsts des Frommen Sohn Heinrich 1680 begründet worden war sowie mit dessen kinderlosem Tod und in einer Schuldenkrise geendet hatte. Der Nachfolger des Herzogs Franz Josias war dessen Sohn Ernst Friedrich (1764–1800), der ebenfalls mit einer ständig sich verschlechternden Finanzlage zu kämpfen hatte. Auch hier mußte eine kaiserliche Schuldenkommission tätig werden, ohne daß sich etwas besserte. Franz I. (1800–1806) gewann 1805 die volle Landeshoheit und gab seinen Anteil an Römhild im Tausch an Gotha ab.

Mit dieser Erbteilung des Herzogtums Gotha war die Chance, Thüringen oder einen großen Teil von ihm dem Schicksal der politischen Bedeutungslosigkeit zu entreißen, verspielt. Das galt um so mehr, als nunmehr der spätestens seit dem 16. Jahrhundert sich vollziehende Abstieg Erfurts (auch zugunsten Leipzigs) durch eine der territorialstaatlichen Ordnung der Zeit entsprechende Verstärkung der Präsenz des Mainzer Kurstaates in der Stadt wettgemacht wurde.

Die Stadt Erfurt, in der spätestens 1530 die Reformation durchgedrungen war, sah sich seit dem Dreißigjährigen Krieg, in dem sie König Gustav Adolf von Schweden freundlich in ihren Mauern aufgenommen hatte, von Mainz fast völlig gelöst. Bei den westfälischen Friedensverhandlungen suchte die schwedische Diplomatie die von Erfurt längst erstrebte Reichsfreiheit durchzusetzen, was aber Kursachsen und Mainz zu verhindern wußten. Dieses strebte nach einer vollen Wiederherstellung seiner Landeshoheit in der Stadt. Doch dagegen wehrte man sich in Erfurt. Selbst die von dem Mainzer Kurfürsten Johann Philipp von Schönborn (seit 1647) erwirkte Reichsacht, die der Kaiser 1663 über die Stadt verhängte, fruchtete nichts. Als der Reichsherold in altertümlich-feierlichem Aufzuge mit einer Wache, fünf Trompetern und einem Notar in der alten thüringischen Metropole erschien, um die Acht zu verkünden, holte ihn eine aufgeregte Menge vom Pferd und mißhandelte ihn schwer. Nun griff Kurfürst Johann Philipp zu militärischer Gewalt; dazu ließ er sich auf dem Reichstag zu Regensburg die Exekution der Reichsacht übertragen.

Ein erster Versuch, die Stadt einzunehmen, wurde von den Erfurtern zurückgeschlagen. Unter den evangelischen Ständen erregte das Vorgehen des Mainzers Empörung. Das galt vor allem für die Absicht Johann Philipps, dazu die Hilfe Ludwigs XIV. von Frankreich in Anspruch zu nehmen, mit dem der Kurfürst seit 1658 im Rheinbund zusammenwirkte. Der König, dem diese Gelegenheit zur Stärkung seines Einflusses im Reiche willkommen war, schickte eine Streitmacht in Stärke von 4000 Mann Infanterie und 200 Reitern, so daß insgesamt eine Armee von 18.000 Mann zusammenkam, wesentlich mehr als das Kontingent, das der Rheinbund dem Kaiser zur Bekämpfung der Türken geschickt hatte, die derzeit tief in Österreich standen. Verlassen von den evangelischen Ständen, durchstand Erfurt eine Belagerung von mehreren Wochen. Am 15. Oktober 1664 mußte die Stadt kapitulieren. Religionsfreiheit wurde von Mainz entsprechend den Bestimmungen des Westfälischen Friedens zugesichert. Die Stadt- und Landesverwaltung, an deren Spitze ein Mainzer Statthalter trat, wurde umgeformt, eine starke Garnison in die Stadt gelegt und der Festungsring wieder instand gesetzt. Zu der alten Feste Cyriaksburg kam eine neue Zitadelle auf dem Petersberg. Der „alte wertvolle Mainzer Besitz in den Herzlanden des Reichs, die treffliche Stadt mit ihren 72 untertänigen Dörfern" (B. Erdmannsdörffer) war zurückgewonnen; Kurmainz saß in Thüringen wieder fest im Sattel.

Aber trotz der gravierenden Verschiebung der politischen Gewichte zuungunsten einer thüringischen Machtbildung war in Sachsen-Gotha der außenpolitische Ehrgeiz, der militärische Anstrengungen nach sich ziehen mußte, noch nicht erloschen. Schon der Geheime Rat von 1651 war – wie überall, wo ein solches Regierungsorgan entstand – ein Zeichen dafür gewesen, daß man große außenpolitische Aufgaben erwartete, deren Bewältigung ein besonderes Gremium erforderte. Es handelte sich seinerzeit nicht nur um den Heimfall von Altenburg und Coburg (der dann ja eingetreten war), sondern auch um die Vereinigung aller ernestinischen Lande zu einem Staat (die nicht Wirklichkeit wurde).

Der Geheime Rat diente auch der Beratung aller derjenigen Aufgaben, deren Lösung Voraussetzung für eine Machtentfaltung war, vor allem der Finanz- und Wirtschaftsdinge, und die nur im Rahmen des gesamten Territorialbestandes des Fürsten herbeigeführt werden konnte. So hat Friedrich I. in der kurzen Zeit nach dem Tode seines Vaters, in der Gotha, Altenburg und Coburg noch zusammen von Schloß Friedenstein aus regiert wurden, die Zuständigkeit des Geheimen Rates, der für Gotha allein gegründet worden war, über die anderen beiden Fürstentümer ausgedehnt. Die Regierungen indessen bildeten sich zu Provinzialbehörden, vornehmlich zu Provinzial-gerichten zurück. Auch die Aufteilung des Erbes Ernsts des Frommen und damit der Verlust der (wenigstens potentiellen) Stellung einer Mittelmacht änderte daran prinzipiell nichts. „Der Geheime Rat, der für ein weiteres Gebiet gedacht war, blieb jetzt das Symbol der Hoffnung auf den Wiedergewinn." (H. Haussherr)

Das galt auch, ja im Sinne des Hochabsolutismus in gesteigertem Maße, für den Enkel Herzogs Ernsts, Friedrich II. (1691–1732). Er hat sogar die Hoffnung gehegt, doch noch den Besitz der Albertiner und die Kurwürde seinem Hause zurückgewinnen zu können. Er vergrößerte sein Heer, bis es um 1700 fast 10.000 Mann umfaßte. Allerdings konnte er einen solchen Militärapparat auf längere Zeit nicht finanzieren, mußte reduzieren und ver-mochte den verbleibenden Bestand nur dadurch zu erhalten, daß er – wie es auch sonst deutsche Fürsten im 18. Jahrhundert taten – Truppen gegen die Zahlung von Hilfsgeldern verlieh – vor allem an Preußen.

Die Existenz eines solchen Militärstaates erforderte eine rationellere Nut-zung der Finanzen, als sie in der älteren Zeit üblich gewesen war, und eine Steigerung der Einnahmen. Diese erstrebte man durch eine Intensivierung der Wald- und Forstwirtschaft – bei dem Waldreichtum Thüringens von jeher ein wichtiger Wirtschaftszweig –, auch durch die Förderung von Glashütten, insbesondere aber durch die Einrichtung von Wollmanufakturen in den Städ-ten sowie durch eine Steigerung der Ausfuhr, der – nach den Prinzipien des Merkantilismus – eine Drosselung der Einfuhr gegenüberstehen sollte. Unter diesen Anforderungen stieg die Kammer, die doch sonst bloß die Eigen-wirtschaft des Landesherrn verwaltet hatte, zu einer Behörde für die allge-meine Wirtschaftsförderung im ganzen Territorialbesitz auf. Das Herzogtum Sachsen-Gotha-Altenburg sprengte damit den Rahmen, in dem sich die Ent-wicklung der Thüringer Staaten weiter bewegte.

Dabei blieb es doch eine unumstößliche Tatsache, daß seitdem sich der Territorialkomplex Ernsts des Frommen von Gotha aufgelöst hatte, die Thü-ringer Fürsten endgültig von der Hoffnung Abschied nehmen mußten, jemals eine andere als eine passive politische Rolle spielen zu können. Auch Sachsen-Gotha konnte diesem ehernen Zwang nicht entrinnen. So steckten die Ernestiner ihre Mittel – und oft genug mehr noch als diese – in die höfische Repräsentation, die in der Barockzeit eine maßgebliche Rolle spielte und im hohen Maße die politische Geltung bestimmte. „Sammlungen von Antiqui-

*Erfurt, Domplatz, Gasthaus „Hohe Lilie",
Quartier König Gustav Adolfs von Schweden 1631.*

täten und Büchern, Parks und Schlösser sind zunächst nichts als allesamt Teile des voll ausgebildeten absolutistischen Herrschaftsapparates, der der Selbstdarstellung des regierenden Herrn, seiner Bildung und der Erziehung seiner Kinder dient. Erst in der Aufklärung wird er über den Beamtenapparat hinaus auch breiteren Kreisen des Bürgertums zugänglich. . . . Wer etwa von Eisenach nach Gotha, Arnstadt, Weimar, Jena, Rudolstadt, Altenburg, Greiz im 18. Jahrhundert eine Bildungsreise unternahm, berührte Orte, die ihre Schlösser, Parks und Sammlungen der staatlichen Schwäche ihrer Fürsten verdankten." (H. Patze) Die Thüringer Fürsten haben sehr bald aus der Not eine Tugend zu machen verstanden; viele von ihnen sind früh über das Normalmaß eines Barockpotentaten hinausgewachsen und haben auf dem Felde menschenfreundlichen Aufklärertums Beachtliches geleistet.

Das gilt nicht zuletzt für Sachsen-Gotha-Altenburg, das sich freilich noch jahrelang mit einem hohen Militärhaushalt belastete. Hatte Herzog Friedrich I. durch die heitere Festlichkeit seiner Theaterbestrebungen, namentlich auf dem Gebiete der Oper, den freudlosen Glaubensernst seines Vaters durchbrochen, aber auch für die Hofbibliothek Interesse gezeigt und die Schätze der Kunstkammer erheblich vermehrt, so führte sein Sohn und Nachfolger Friedrich II. das Herzogtum Gotha in die Anfänge der Aufklärung hinein. In der Regierungszeit Herzog Friedrichs III. (1732–1772) gesellten sich in Gotha den Künsten die Wissenschaften zu. Das war allerdings nicht das Verdienst des zwar wohlwollenden und rechtlich denkenden, keineswegs aber Neuerungen aufgeschlossenen Fürsten, sondern das seiner ihm geistig überlegenen und ihn beherrschenden Gattin, der Herzogin Luise Dorothee, und ihrer Oberhofmeisterin Franziska von Buchwald. Die von ihnen gepflegte Toleranz färbte auch auf den Herzog ab, so daß 1763 in Neudietendorf (zwischen Gotha und Erfurt) eine Herrnhuter (also eine Pietisten-)Niederlassung entstehen und als lutherische Gemeinde anerkannt werden konnte.

Luise Dorothee, eine 1710 geborene Prinzessin von Sachsen-Meiningen, erzogen von ihrer Stiefmutter, der Herzogin Elisabeth, einer Tochter des Großen Kurfürsten von Brandenburg, in einem strengen reformierten Glauben, war eine geistvolle, aber auch stolze und kapriziöse Fürstin. Sie liebte es, sich mit Persönlichkeiten zu umgeben, die die aufgeklärte Weltläufigkeit ihrer Zeit in das enge Gotha zu bringen vermochten. Zu diesen zählte der aus Regensburg gebürtige Friedrich Melchior Baron von Grimm, der in Paris die „Correspondance littéraire, philosophique et critique" herausgab, mit der er die europäischen Höfe mit Neuigkeiten belieferte, und als Freund der Zarin Katharina von Rußland oft zwischen Paris und St. Petersburg unterwegs war. Eine andere Persönlichkeit dieser Art war Gustav Adolf Graf von Gotter, zuerst Gothas Gesandter am Kaiserhof, dann Preußens Gesandter in Wien und schließlich, als Kenner des Wiener Hofes, unter Friedrich dem Großen, dem weltgeschichtlichen Gegner Österreichs, dirigierender Minister im General-direktorium in Berlin. Voller Geist, Witz, Liebenswürdigkeit und Lebens-freude, unternahm er noch manches andere, um den Aufwand, den er trieb, finanzieren zu können. 1734 hatte er in Molsdorf, zwischen Gotha und Erfurt, ein Rittergut erworben, auf dem er ein Schloß errichtete, es kostbar ausstattete und mit einem Park umgab: ein Ensemble des Rokokos.

Die Herzogin korrespondierte mit Friedrich dem Großen und Voltaire. Und als dieser 1753 nach dreijährigem Aufenthalt in Potsdam vom großen König in Ungnade geschieden war, brachte er fünf Wochen in Schloß Frie-denstein als Gast der Herzogin zu, „der sanftesten, weisesten und ausge-glichensten Fürstin der Erde, die noch dazu selbst nicht dichtet", wie er notierte.

Auch in Kriegszeiten übte der Gothaer Hof Anziehungskraft aus. Am 15. September 1757, in der frühen Zeit des Siebenjährigen Krieges, nicht lange vor der Schlacht bei Roßbach, erschien Friedrich der Große an der Spitze einer preußischen Vorhut unvermutet auf Schloß Friedenstein. Der Herzog und die Herzogin, beide „fritzisch" gesinnt, empfingen ihn, umgeben von ihren Kin-dern, im Schloßhof. Der König, im auf den Märschen der vergangenen Tage staubig gewordenen Rock, begrüßte die Schloßherrschaft auf das artigste und bat, da er vier Tage lang keine ordentliche Mahlzeit eingenommen habe, um einen Teller Suppe. Man nahm an einer Tafel Platz, die für zuvor abgezogene österreichische und französische Offiziere gedeckt worden war, und das Volk konnte zusehen. Der König erfreute sich des gepflegten Französisch der Herzogin, der Freundin Voltaires. Nach dem Mahle zog er sich zurück, um sich auf dem Boden der Dorfschenke in Gamstädt ein Quartier für die Nacht bereiten zu lassen.

Vier Tage später hatten sich die Feldherren der gegen Friedrich verbün-deten Koalition mit den Herren ihrer Stäbe auf dem Schloß als Mittagsgäste angesagt: der Prinz Soubise, der Günstling der Madame Pompadour, der die französischen Truppen in Deutschland kommandierte, und der Oberbefehls-haber der Reichsarmee, Feldmarschall Prinz Joseph Friedrich von Sachsen-Hildburghausen, ein Mann von Kultur, der in seinem Palais in Wien als Mäzen insbesondere hervorragender Musiker wie Gluck und Ditters von Dittersdorf wirkte. Doch die Herren konnten sich nicht lange der herzoglichen Tafel erfreuen. König Friedrich ließ den Anmarsch seiner Hauptarmee vortäuschen, und Soubise, der Prinz von Hildburghausen sowie die beträchtliche Streit-macht, in deren Schutz sie gekommen waren, räumten fluchtartig das Feld. Von einem Balkon des Schlosses aus hatten Damen des Hofes dem lachend zugesehen. „Nichts Ruhmvolleres konnte meinen Truppen geschehen", so schrieb der König galant der Herzogin, „als unter Ihren Augen und für Ihre Verteidigung zu fechten."

Schloß Molsdorf.

Die Musen, der große Militärapparat, Streit innerhalb und außerhalb der Grenzen sowie die Kriegszeiten haben den gothaischen Etat auf das ärgste strapaziert. Herzog Ernst II. (1772–1804), der Sohn Friedrichs III. und der Herzogin Luise Dorothee, hat die aufgelaufene Schuldenlast, die das Land bedrängte, abtragen müssen und das durch sparsame Verwaltung und Reduzierung des militärischen Aufwandes auch erreicht. Ansonsten war er ganz der Sohn seiner Mutter. Ein Freund der Wissenschaften, insbesondere der Physik, ließ er nach der Erfindung des Blitzableiters durch Benjamin Franklin die beiden Türme des Schlosses Friedenstein mit der neuen Schutzvorrichtung ausstatten, um bestehenden Vorurteilen in der Bevölkerung entgegenzuwirken. Er zog den Astronomen Franz Xaver von Zach, der auf dem Seeberg bei Gotha die erste Sternwarte Deutschlands errichtete (für deren Erhaltung der Herzog testamentarisch eine Summe bestimmte), und den aus Rudolstadt stammenden Verleger Johann Georg Justus Perthes an seinen Hof, der 1785 in Gotha die Geographische Verlagsanstalt Justus Perthes begründete, in der auch der Gothaische Hofkalender, eine Genealogie der deutschen Fürstenhäuser (erschienen bis 1945), herauskam.

Ernst II. hat im übrigen eine bedeutende Handschriftensammlung zusammengebracht und ist ein Förderer des deutschen Schauspiels gewesen. Nach dem Brand des Weimarer Schlosses und der Vernichtung des dortigen Schloßtheaters im Jahre 1774 engagierte er die in Weimar gastierende Seylersche Schauspieltruppe. Ihre Aufführungen im Gothaer Schloßtheater führten 1775 zur Gründung des Gothaer Hoftheaters, des ersten ständig bespielten Theaters in Deutschland. Es stand unter der künstlerischen Leitung von Konrad Ekhof, des zeitweiligen Leiters der Truppe, der als Überwinder des französischen Deklamationsstils in Deutschland der Lehrer von August Wilhelm Iffland geworden ist.

Die Sorge Ernsts II. galt nach der Art der aufgeklärten Fürsten seiner Zeit auch dem Schulwesen, insbesondere der Erziehungsanstalt des aus Sömmerda gebürtigen Theologen Christian Gotthelf Salzmann in Schnepfenthal, das heute zu Waltershausen gehört. Der Philanthrop Salzmann vertrat eine freie, auf einem Vertrauensverhältnis zwischen Lehrern und Schülern beruhende, Geist und Körper gleichermaßen bildende Erziehung. Er hat damit eine weltweite Wirkung gehabt. Das Gut Schnepfenthal war von ihm mit Hilfe des Herzogs erworben worden.

Die Französische Revolution ist von Ernst II., der der angelsächsischen Welt zuneigte, in ihrem fortgeschrittenen Stadium abgelehnt worden. Als junger Mann hatte er vier Monate in London zugebracht und am Hofe von Versailles den Eindruck eines keuschen Jünglings gemacht, weshalb ihm Diderot riet, nicht zu lange in Frankreich zu bleiben, da man ihn sonst leicht verderben könne. Er plante 1794, als er fürchtete, die Gesetzlosigkeit könne auf Deutschland übergreifen, eine Auswanderung nach Amerika, um dort, wo er bereits Ländereien hatte ankaufen lassen, wissenschaftliche Studien zu betreiben. Doch der Traum von der herzoglichen Einsiedelei blieb unerfüllt: Ernst II. starb in Gotha.

Herzog Bernhard I., der Stifter der Linie Sachsen-Meiningen, hatte noch dem konventionellen Typus des Barockfürsten mit der Neigung zur Alchimie und zur Soldatenliebhaberei angehört. Er ist der Bauherr des bis 1692 fertiggestellten Meininger Schlosses, das an die Stelle einer würzburgischen Burg trat, während sein Vater Ernst der Fromme die Stadt noch mit einer doppelten Ringmauer hatte umgeben lassen. Als Bernhard 1706 starb, trat sein ältester Sohn Ernst Ludwig die Nachfolge an, obwohl das Testament des Vaters eine gemeinschaftliche Regierung seiner Söhne vorgesehen hatte, woraus sich Erbauseinandersetzungen ergaben. Auf Ernst Ludwig, der aus dem Erbe der erloschenen Linien Coburg (1699), Eisenberg (1707) und Römhild (1710) für sein Land unter anderem Neustadt am Rennsteig, Sonneberg, Neuhaus und Schalkau (des letzteren ernestinischer Teil vom Erben Sachsen-Hildburghausen und der Anteil der Herren von Schaumberg von diesen, beides durch Kauf) gewann, folgten nach seinem Tode 1724 seine Söhne Ernst Ludwig (gestorben 1729) und Carl Friedrich (gestorben 1743). Sie regierten unter der Vormundschaft ihrer Oheime. Von diesen überlebte Anton Ulrich, der jüngste Sohn Herzog Bernhards I., der im Spanischen Erbfolgekrieg als pfalz-neuburgischer Offizier in den Niederlanden gekämpft hatte.

Erst Anton Ulrich, seit 1746 regierender Herzog, zeigte ein aufgeklärtes Herrschaftsverständnis, das aber, wie so oft, despotische Willkür nicht ausschloß. Für eine gedeihliche Entwicklung, etwa zielbewußte Gewerbepolitik, blieb allerdings wenig Zeit. Denn allerlei Verwicklungen beunruhigten das Land.

Zuerst hatte ein Rangstreit zweier Meininger Hofdamen, der im Herbst 1746 ausbrach, unerwartete Folgen. Der bisher rangältesten, Christiane Auguste von Gleichen, war vom Herzog eine andere vorgezogen worden, weshalb es zu einem Eklat an der Hoftafel gekommen war. Die Beschwerde der bisher ersten Dame des Hofes wurde vom Herzog brüsk zurückgewiesen. Sie rächte sich dafür, indem sie Nachrichten über Liebesabenteuer ihrer Rivalin verbreitete. Daraufhin verlangte der Herzog von ihr, vor der von ihr Gekränkten öffentlich kniend Abbitte zu leisten. Als sie das verweigerte, wurden sie und ihr Gemahl, der Landjägermeister Hans Ludwig von Gleichen, verhaftet, gefangengesetzt und schließlich öffentlich auf dem Marktplatz von Meiningen bloßgestellt. Einflußreiche Freunde der so Behandelten wußten die Sache vor das Reichskammergericht zu bringen, das Anfang 1747 Herzog Anton Ulrich dazu aufforderte, das gefangengesetzte Ehepaar umgehend freizulassen. Als dem der Herzog nicht nur nicht Folge leistete, sondern

64

GOTHA.

Gotha mit Schloß Friedenstein, Stich.

das Urteil überhaupt unbeachtet ließ, beauftragte das Gericht im Februar 1747 Herzog Friedrich III. von Gotha damit, die Eheleute zu befreien und ihre Sicherheit zu gewährleisten. So kam es noch im Februar zu dem sogenannten Wasunger Krieg. Ein aus acht Offizieren, 249 Infanteristen und acht Artilleristen bestehender gothaischer Exekutionsverband rückte in meiningisches Gebiet ein und besetzte nach einem Gefecht mit Truppen Anton Ulrichs, das einem meiningischen Leutnant das Leben kostete, Wasungen, von wo die Gothaer zu einem Angriff auf die Residenz Meiningen schreiten wollten. Nun endlich gab der Herzog nach und setzte den Landjägermeister von Gleichen und seine Frau frei.

Doch damit war die Angelegenheit noch nicht abgeschlossen. Denn nun forderte Friedrich III. von Anton Ulrich Schadenersatz, den dieser aber verweigerte. Das Reichskammergericht sprach dem Gothaer daraufhin die Einkünfte der meiningischen Ämter Wasungen und Sand als Ausgleich zu, weshalb dieser seine Truppen dort stehen ließ, wo sie standen. Unter preußischer Vermittlung konnte der Streit schließlich beigelegt werden. Friedrich III. verzichtete auf den Ersatz seiner Kosten, während Anton Ulrich seine Beteiligung an der Vormundschaft über den weimarischen Thronerben Ernst August Constantin, die ihm als Senior des ernestinischen Hauses zustand, aufgab. Im August 1748 zogen sich die gothaischen Truppen aus dem Meiningischen zurück.

Sodann kam es zu einer Auseinandersetzung mit Coburg-Saalfeld, als Anton Ulrich 1748 die 1725 verabredete gemeinsame Verwaltung des Amtes Römhild aufkündigte und seinen Anteil ganz für sich beanspruchte. Nachdem er Proteste des Coburger Herzogs Franz Josias unbeachtet gelassen hatte, erwirkte dieser beim Reichshofrat eine Exekution mit dem Ziele der Wiederherstellung des bisherigen Zustandes, die nach dem Einsatz kursächsischer und brandenburgisch-ansbachischer Exekutionstruppen (Sonneberger oder Römhilder Krieg) erst 1753 erreicht werden konnte. Dieses Mal mußte Anton Ulrich die Kriegskosten zahlen.

Schließlich wurde das Land Opfer des Siebenjährigen Krieges, in dem der Herzog Kontingente für die Reichsarmee stellen mußte. Durchzüge, Requirierungen, Kontributionszahlungen und französische Werbungen quälten das Land, dem der Herzog tatkräftig (etwa durch Beschwerden beim Kaiser und auf dem Reichstag), wenn auch kaum mit Erfolg beizustehen suchte. Er hatte einen großen Teil seiner Regierungszeit in Frankfurt a. M. verbracht, wo er 1763 auch starb.

Da Herzog Anton Ulrichs Kinder aus erster Ehe mit der hessischen Kapitäns- und Ingenieurstochter Philippine Elisabeth Caesar 1747 für nicht erbberechtigt erklärt worden waren, folgten seine Söhne aus zweiter Ehe mit der Herzogin Amalie, geborener Prinzessin von Hessen-Philippsthal. Anton

*Meiningen, Schloß, in der Mitte des Bildes der Nordflügel
aus dem Anfang des 16. Jahrhunderts, Zustand 1991.*

Ulrich hatte aber diese, die Landesregentin, und seine beiden Söhne aus erster Ehe zu deren Vormündern gemacht. Daraufhin brachen die Nachbarstaaten, die das nicht anerkennen wollten, einen Erbfolgekrieg vom Zaun. In dessen Verlauf beschossen Truppen aus Gotha, Hildburghausen und Coburg Meiningen. Der Erfolg blieb aber aus, da der Kaiser das Erbrecht der Söhne Anton Ulrichs aus zweiter Ehe, Carl und Georg, sowie lediglich die Vormundschaft ihrer Mutter, nicht hingegen die ihrer Stiefbrüder, bestätigte.

Carl I. (gestorben 1782) und Georg I. (gestorben 1803) regierten im Stile des aufgeklärten Absolutismus, wobei Einflüsse ihrer Base Luise Dorothee, der Herzogin von Gotha, sowie der Herzogin Anna Amalia von Weimar wirksam wurden. Georg I., der nach dem frühen Tod seines Bruders allein regierte, führte ein demjenigen Ernsts des Frommen nicht unähnliches polizeistaatliches Regime, nur daß an die Stelle des evangelischen Gottglaubens aufgeklärte Gesinnung getreten war. Alle Einwohner Meiningens sollten nach seinem Willen zwischen der Schulentlassung und der Eheschließung einem „Institut zur Beförderung sittlicher und bürgerlicher Vervollkommnung" angehören. Wie in diesem der Standesunterschied keinen Platz hatte, machten sich Adel und Bürgertum bei Volksfesten miteinander gemein. Zur Bestimmung der Patenschaft für nachgeborene Prinzen wurde unter Bürgern und Bauern das Los geworfen.

Prinz Bernhard Erich erhielt den Beinamen „Freund" verliehen, weil er zum „Freund seiner Untertanen" bestimmt war. So sollte einst sein Name noch im tiefen 19. Jahrhundert an jene Regierungsgrundsätze erinnern, in deren Mittelpunkt der absolutistische Wohlfahrtsstaat stand, dessen Aufgeklärtheit sich in dem Verzicht auf den Gebrauch der Gottesgnadenformel ausdrückte.

Als eine Hauptaufgabe des herzoglichen Regiments wurde, wiederum den aufgeklärten Idealen entsprechend, die Reform des Schulwesens verstanden, die sich auch die 1774 in der herzoglichen Residenzstadt gegründete Freimaurerloge „Charlotte zu den drei Nelken" zum Ziele setzte. 1776 entstand in Meiningen das erste Thüringer Lehrerseminar; das Landschulwesen wurde der Aufsicht des Konsistoriums entzogen und derjenigen einer herzoglichen Immediatkommission unterstellt. Im Jahre 1800 rief Georg I. eine Sonntagsschule für berufliche Fortbildung ins Leben.

Das im Oberland des Herzogtums entwickelte Textilgewerbe sowie insbesondere die Sonneberger Spielzeugindustrie unterstützte Herzog Georg ebenso wie die Landwirtschaft, die im Unterland günstige Bedingungen fand, nicht zuletzt auch den Tabakanbau bei Wasungen. Im Sinne des Merkantilismus förderte der Herzog die Sumpf- und Ödlandkultivierung sowie all das, was eine Erhöhung der Erträge versprach. Im übrigen gelang es ihm, durch konsequente Sparsamkeit Schulden zu tilgen.

Meiningen, Alte Posthalterei, Wohnhaus der Rivalin der Frau von Gleichen,
Wilhelmine von Pfaffenrath, Zustand 1991.

Nach der Beseitigung der Stadtbefestigung im Nordosten Meiningens seit 1782 hat Herzog Georg I. auf dem dadurch gewonnenen Platz sowie auf dazugekauftem Grund durch den Hofgärtner Christian Daniel Zocher einen Landschaftspark mit Wasserläufen und einem See anlegen lassen, den bis heute erhaltenen Englischen Garten. Auf einer der im See geschaffenen Inseln befindet sich ein Denkmal für den frühverstorbenen Herzog Carl, ursprünglich nach dem Vorbild von Rousseaus Grab in Ermenonville (Oise) von Pappeln umstanden.

Wenn Barockfürsten deutscher Kleinstaaten die ihnen zur Verfügung stehenden Mittel in großem Umfange in Repräsentation nach dem Verständnis ihrer Zeit investierten, da sie zu einer Machtpolitik im Rahmen des europäischen Mächtesystems nicht hinreichten, sie also wenigstens den Schein der Macht suchten, so zeigt ein Blick auf die Meininger Herzöge des 18. Jahrhunderts, in welche Richtung die Aufklärung ihren Wirkungsdrang lenken konnte. In einer Zeit der vernunftbestimmten Entzauberung der Monarchie, deren Verherrlichung die barocke Darstellungskunst gedient hatte, versuchte sich das fürstliche Geltungsbedürfnis häufig in menschenfreundlichen Werken Befriedigung zu verschaffen, die die naturrechtliche Moral der Aufklärung gebot. Hatte es Friedrich der Große bedauert, die Prinzipien der Moralität nur allzuoft der Staatsräson zum Opfer bringen zu müssen, so stand in den Kleinstaaten dieses Dilemma der Entfaltung eines aufgeklärten Absolutismus nicht im Wege.

Doch daneben stehen selbstverständlich auch in Thüringen – und das vornehmlich vor dem Durchdringen der stilbildenden Aufklärung – diejenigen Fürsten, die es sich an barocker Pracht- und Kunstentfaltung genug sein ließen. Ein extremes Beispiel dafür stellt Herzog Christian von Sachsen-Eisenberg (1681–1707) dar, auch er ein Sohn Ernsts des Frommen, dessen Fürstendasein zur Groteske geriet. Er richtete sein nur aus vier Ämtern (Eisenberg, Ronneburg, Stadtroda und Camburg) bestehendes Land durch die Kosten einer großen Hofhaltung, glanzvoller Opernaufführungen und eines anspruchsvollen Schloßbaus, der „Christianenburg", zugrunde. Durch Goldsuche in seiner Alchimistenküche im Schloß hat er am Ende den drohenden Bankrott abzuwenden versucht. Durch seinen Vater wie alle seine Brüder streng in der Furcht Gottes erzogen, wofür auch die bemerkenswerte, von italienischen Künstlern gestaltete Schloßkirche im Ostflügel der „Christianenburg" als Zeugnis genommen werden mag, ist er 1707 tiefgeängstigt ohne Erben gestorben.

Ein anderes, das barocke Normalmaß nach der einen oder nach der anderen Seite hin nicht überschreitendes Beispiel ist das Fürstentum Schwarzburg-Rudolstadt und dessen Residenz Rudolstadt. Auf den Stifter der Linie Schwarzburg-Rudolstadt, Albrecht VII. (gestorben 1605), war dessen zweitältester Sohn Ludwig Günter gefolgt, diesem Albrecht Anton II. (1646–1710), den der Kaiser 1697 in den Reichsfürstenstand erhoben hatte (kaiserliche Verleihung 1710). Auf Albrecht Antons II. Sohn Ludwig Friedrich (1710–1718) folgte dessen Sohn Friedrich Anton (1718–1744). Dieser war der Bauherr des Schlosses Heidecksburg in seiner neuen Gestalt. Nach Bränden 1571 und 1735 wurde ab 1737 die bisherige, weitgehend zerstörte Renaissanceanlage am selben bevorzugten Platz über der Residenzstadt (auf dem ursprünglich eine mittelalterliche Burg gestanden hatte) und unter Nutzung alter Bauteile durch einen massigen Barockbau ersetzt. Der Entwurf stammte von dem Dresdner Landbaumeister Christof Knöffel; außerdem war vor allem der Weimarer Baumeister Gottfried Heinrich Krohne, der auch Schloß Molsdorf geschaffen hatte, beteiligt. Seine Leistung sind der Turm und die Ausgestaltung der Räume des Westflügels, die zu den wertvollsten des deutschen Rokokos gehören.

Freilich konnte dieser Bau nur mittels eines fortwährenden Anziehens der Steuerschraube ermöglicht werden. Die Bevölkerung hatte die Steuerlast schon vorher so unerträglich gefunden, daß es 1716 in Königsee (im heutigen Kreis Rudolstadt) zu einem Aufruhr gekommen war, der sich über das ganze Fürstentum ausbreitete und 16 Jahre lang nicht zu unterdrücken war. Schließlich hatte der Rudolstädter Advokat Johann Georg Bulisius das Anliegen der Empörer vor den Reichshofrat in Wien gebracht, war allerdings damit nicht durchgedrungen. Immerhin gab die Sache den Fürsten zu denken, so daß sich in der Folgezeit das Verhältnis zwischen Land und Herrschaft verbesserte.

Der Bau des Schlosses Heidecksburg zog sich über die Regierungszeit der Nachfolger des Fürsten Friedrich Anton hin; es waren dies Johann Friedrich (1744–1767), dessen kunstsinniger Oheim Ludwig Günter (1767–1790), nach dem das Rudolstädter Schloß Ludwigsburg (1734–1741) benannt ist, Friedrich Karl und Ludwig Friedrich II. (1793–1807).

Das Haus Schwarzburg-Sondershausen beließ es bei seiner Schloßanlage aus dem 16. Jahrhundert in Sondershausen und beschränkte sich im 18. Jahrhundert auf einige immerhin kostspielige Ergänzungsbauten. Seit dem Tod seines Stifters Johann Günter im Jahre 1586 war es mehrfach in verschiedene Linien zerteilt gewesen, zuletzt in die von Sondershausen und Arnstadt, seit 1716 aber endgültig miteinander vereinigt. Seit 1697 besaß das Haus die fürstliche Würde und die Reichsunmittelbarkeit. Seit 1716 regierten es Fürst Christian Wilhelm, dessen Sohn Günter I. (1720–1740), dessen prachtliebender, nicht verehelichter Bruder Heinrich XXXVIII. (1740–1758), dessen aufklärerischer wie baufreudiger Neffe Christian Günter III. (1758–1794) sowie dessen Sohn Günter Friedrich Karl (1794–1835), der die Hofkapelle und das Hoftheater (Gebäude 1946 abgebrannt) begründete. Die höfische Prachtentfaltung zur Zeit Heinrichs wurde durch den Verkauf von Pfarr-, Lehrer-

und Beamtenstellen finanziert. Auf den Kanzeln der katholischen Kirchen Erfurts stellte man spöttisch die Frage, wieviel in den fürstlichen Landen wohl ein Lutherrock koste.

Auch die Fürsten Reuß traten in der Barockzeit nicht mehr mit Bauten großen Stils hervor. Die meisten von ihnen mußten, um ihre Hofhaltung finanzieren zu können, in fremde Dienste treten. Es waren meistens militärische. Die Geraer Reußen residierten auf Schloß Osterstein in der Nähe der Stadt auf dem Hainberg, über der Weißen Elster, dem Bergschloß der Vögte von Gera, das diese nach der Zerstörung des Stadtschlosses infolge kriegerischer Einwirkungen im Jahre 1540 zu ihrem Sitz gemacht hatten. Umbauten waren hier an der Wende zum 17. Jahrhundert durch den auf der Stadt- und Ratsschule zu Gera sowie den Universitäten Jena und Straßburg wohlgebildeten Grafen Heinrich Reuß Posthumus, d. h. nach dem Tode des Vaters geboren (1595–1635), vorgenommen worden. Zu seiner Beisetzung in der Schloßkapelle hatte Heinrich Schütz, der am 14. Oktober 1585 im „Gasthaus zum Schützen" in Köstritz geboren worden, also ein Landeskind war, seine „Musikalischen Exequien" dirigiert. Im 18. Jahrhundert (1729–1732) entstanden im alten Küchengarten auf dem anderen Elsterufer lediglich eine Orangerie und Wohnpavillons. Das im 19. Jahrhundert weiter ausgebaute Schloß Osterstein ist samt seiner wertvollen Ausstattung im April 1945 einem Bombenangriff zur Opfer gefallen. Neben Resten der Bebauung steht nur noch der Bergfried aufrecht.

Graf Heinrich Posthumus, dessen Denkmal früher auf dem Johannisplatz zu Gera stand, begründete 1604 eine Kanzlei sowie ein Konsistorium und erließ eine neue Amts- und Gerichtsordnung. Sein Territorium war wohlverwaltet und wurde nicht über die Grenze hinaus belastet, die ihm das Gebot der Sparsamkeit und die Notwendigkeit der Schuldentilgung setzten. 1608 stiftete er das Gymnasium Ruthenäum zu Gera. Er förderte auch Handel und Gewerbe. Die Zeugwirkerei blühte bis in das 18. Jahrhundert hinein. Doch dann wurde sie durch die merkantilistische Zollpolitik Preußens und Österreichs, aber auch Kursachsens ausgetrocknet.

Heinrich Reuß Posthumus erfreute sich der Gunst des Kaiserhauses zu Wien. Gera und sein Land erhielten eine kaiserliche Schutzwache, durch welche die schwersten Gefahren des großen Krieges von dem Herrschaftsgebiet des geschätzten Grafen ferngehalten wurden. Nach dem Tode Heinrichs brach das Unheil auch über Gera herein. 1639 steckten es die Schweden in Brand, worauf ein Drittel der Stadt vollständig abbrannte.

Die Geraer Reußen überwanden ihre weitgehende dynastische Zersplitterung erst im 19. Jahrhundert und nannten sich seit 1848 Reuß jüngere Linie. Reuß-Greiz, 1616 unter diesem Namen entstanden, war seit 1625 ebenfalls wieder in diverse Linien zerfallen, bis 1768 Heinrich XI. von Reuß-Obergreiz

Gera, Gymnasium mit Standbild des Grafen Heinrich Posthumus.

(1743–1800) den gesamten Besitz in seiner Hand vereinigte und damit, 1778 in den Reichsfürstenstand erhoben, der Begründer des Hauses Reuß ältere Linie ist. Es folgten Heinrich XIII. (1800–1817) und Heinrich XIV. (1817–1836).

Die fürstliche Familie residierte in dem mittelalterlich verwinkelten Oberen Schloß zu Greiz, während das Untere Schloß in der Stadt, das wie das Obere hauptsächlich aus dem 16. Jahrhundert stammt, 1768 Sitz der Landesregierung wurde. 1809 zogen die Fürsten in das Untere Schloß um, während sich die fürstlichen Behörden in dem verlassenen Bergschloß einrichteten. So sollte es bis 1918 bleiben.

Kann man für den Weg in das 18. Jahrhundert hinein auch für die Thüringer Kleinstaatenwelt von einer Vergeistigung des barocken Repräsentationsbedürfnisses sprechen, so gilt das zunächst ganz und gar nicht für jenen Zweig des ernestinischen Hauses, der dann im späten 18. Jahrhundert diese Entwicklung zur Krönung geführt hat: das Herzogtum Sachsen-Weimar.

Auf Wilhelm IV. war 1662 Johann Ernst II. gefolgt, der Begründer der jüngsten Weimarer Linie, so genannt, weil sich gleichzeitig die Linien Eisenach, Marksuhl und Jena abgespalten hatten. 1672 waren letzterer aus dem Altenburgischen Erbe die Ämter Dornburg, Allstedt (erst ab 1741 endgültig als Exklave weimarisch) und Bürgel zugefallen, die unter Herzog Wilhelm Ernst (1683–1728) an Weimar gingen, da die Linie Jena, deren Schloß übrigens 1905 einem neuen Universitätsgebäude weichen mußte, 1690 ausgestorben war; (Nieder-)Roßla war gleich an Weimar gegangen.

Herzog Wilhelm Ernst, der zu den vornehmen und gebildeten, insbesondere auch kunstsinnigen Vertretern seines Standes in seiner Zeit zählte, ist es gewesen, der im Jahre 1708 Johann Sebastian Bach zu seinem Hoforganisten und Kammermusikus in Weimar machte, wo dieser schon einmal Geiger in der Hofkapelle gewesen war. Bach, am 21. März 1685 in Eisenach als Sohn des Stadtmusikus Ambrosius Bach geboren, war über Anstellungen in Arnstadt (1703–1707) und Mühlhausen (1707–1708) an den herzoglichen Hof gekommen. 1714 wurde er hier Hofkonzertmeister. Ebenfalls hier wurden seine Söhne Wilhelm Friedemann (1710) und Carl Philipp Emanuel (1714) geboren. Nachdem Bach aber bei der Neubesetzung des Amtes des Hofkapellmeisters der unbedeutende Sohn des bisherigen Amtsinhabers vorgezogen worden war, trachtete er danach, Weimar möglichst bald wieder zu verlassen.

Eine Möglichkeit dazu ergab sich, als ihm Fürst Leopold von Anhalt-Köthen den Posten eines Kapellmeisters an seinem Hofe anbot. Doch scheint Bach allzu vehement auf seine Entlassung aus den weimarischen Diensten gedrängt zu haben, so daß Herzog Wilhelm Ernst von seinem Verhalten befremdet war und ihn am 2. November 1717 unter Arrest stellen ließ, aus

Rathaus zu Gera, Hauptportal.

*Rathaus zu Gera mit seinem 57 Meter hohen Turm,
im Vordergrund Erker der Stadtapotheke (1592 und 1606 erbaut),
Zustand 1991.*

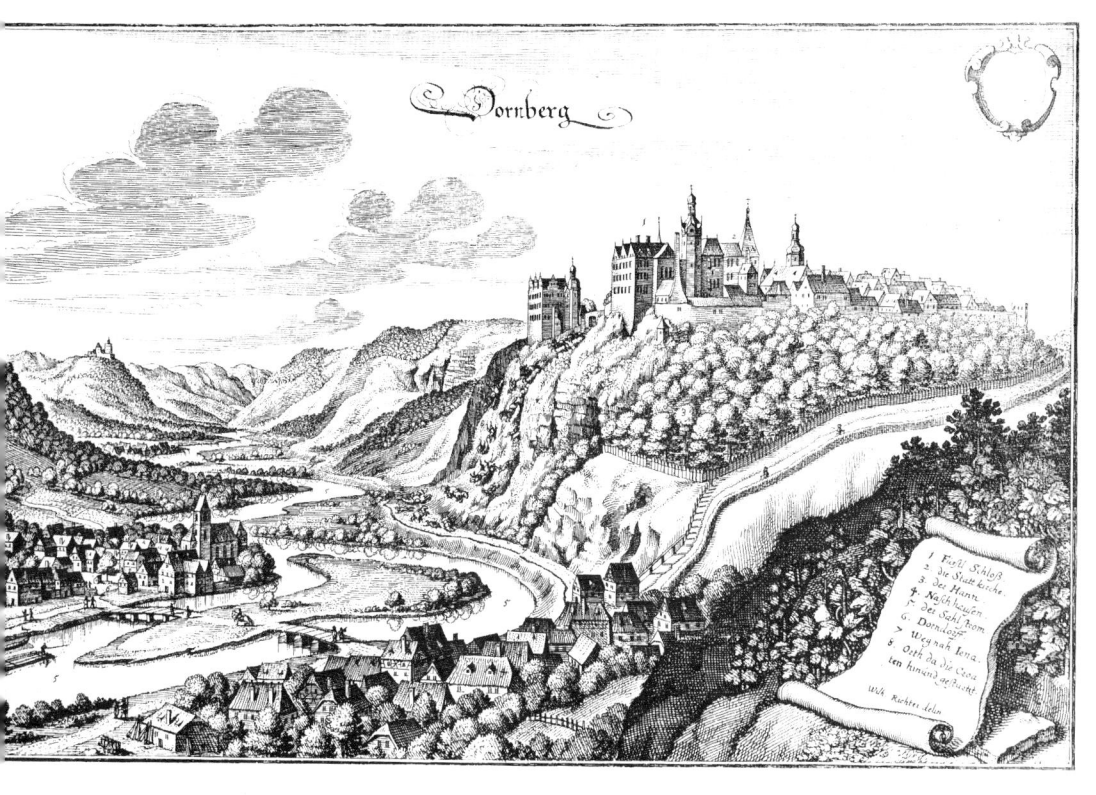

Dornburg/Saale im 17. Jahrhundert
(Matthaeus Merian).

dem er erst einen Monat später wieder freikam. Zu Weihnachten 1717 trat Bach seine neue Stelle in Köthen an.

Nachdem 1717 in Weimar ein Primogeniturgesetz in Kraft getreten war, folgte 1728 Herzog Ernst August I., der als Erbe der 1741 erloschenen Linien Eisenach und Marksuhl deren Hinterlassenschaft erlangte und somit den 1662 geteilten Weimarer Territorialbestand in seiner Hand vereinigte.

Ernst Augusts I. zwanzigjährige Regierung war wie so manches absolutistische Regiment durch Willkür und Mißbrauch gekennzeichnet. Der Herzog neigte zum Jähzorn sowie zu sexueller Zügellosigkeit und war der Alchimie ergeben. Seine Soldatenspielerei (4000 Mann bei kaum 100.000 Einwohnern), seine Jagdleidenschaft, seine 300 Pferde sowie seine Bauten – er war vom Bauwurm besessen – ruinierten den Staatsetat. Seine Baumeister waren Johann Adolf Richter, der das Schloß Belvedere bei Weimar erbaute, und Gottfried Heinrich Krohne, der um 1740 das mittlere der Dornburger Schlösser schuf, einen villenartigen Bau von Grazie und Raffinesse. Für diesen gaben militärische Gründe Veranlassung: Der Herzog hatte nämlich im Sommer 1730 vom Feldlager Augusts des Starken in Mühlberg an der Elbe starke Eindrücke mitgenommen und daraufhin geplant, auf der östlich der Saale gelegenen Ebene bei Dorndorf, unweit Jena ein „Campement" anzulegen und sich hoch über dem gegenüberliegenden Flußufer auf einem Felsen, zwischen zwei schon bestehenden Schloßbauten einen Sitz zu schaffen, von dem aus er das militärische Geschehen überblicken konnte.

Doch das Interesse des Bauherrn an seiner eleganten Villa ließ schnell nach, so daß sich Goethe später für ihren Erhalt einsetzen mußte, wodurch sie bis auf unsere Tage gekommen ist. Herzog Ernst August dachte indessen an die Errichtung eines Schlosses in dem soeben an Sachsen-Weimar gefallenen Eisenach, das dann Krohne zwischen 1742 und 1751 baute. Denn die wildreichen Wälder dort zogen den herzoglichen Jäger, der im übrigen von dem von ihm nicht geliebten Weimar möglichst weit entfernt sein wollte, magisch an.

1748 starb Herzog Ernst August überraschend. Es folgte sein einziger Sohn Ernst August Constantin, der noch minderjährig war. Er wurde unter der Leitung des Grafen Bünau, der sein Erster Minister wurde, sorgfältig erzogen. Er starb aber bereits 1758, als seine Witwe Anna Amalia, Tochter des lebenslustigen, aber auch geistig interessierten Herzogs Karl von Braunschweig, noch nicht mündig war. So konnte sie die Vormundschaft über ihren einjährigen Sohn Carl August, den nunmehrigen Herzog, erst 1759 antreten. Mit beiden, Mutter und Sohn, begann die große Zeit des Herzogtums Sachsen-Weimar.

IV
Das Zeitalter
Carl Augusts von Weimar
und die deutsche Klassik

Es ist die im Alter von 19 Jahren verwitwete Herzogin Anna Amalia gewesen, die das Herzogtum Sachsen-Weimar auf die Höhe der Zeit führen sollte. Sie hat sich im Alter von 36 Jahren auf das Altenteil zurückziehen müssen, doch ihrem Sohn, Herzog Carl August, bis zu dessen 51. Lebensjahr wirkungsvoll zur Seite gestanden. Über ihre Mutter, die Herzogin Philippine, eine Schwester Friedrichs des Großen, dessen Nichte, war sie, wie Hans Tümmler, der Biograph Carl Augusts, schreibt, „zweifellos eine starke, eigenwillige Persönlichkeit. Von eher unscheinbarem Äußeren, war sie kleinwüchsig wie ihr berühmter Oheim, diesem jedoch auch ähnlich durch ihre das Gesicht ausdrucksvoll beherrschenden Augen, die Kraft des Blickes, mit dem sie zu bezaubern, aber auch zu zürnen wußte." Sie „konnte unbeherrscht und launisch sein, gefürchtet war ihr starres Schweigen in Perioden der Verstimmung. Aber da mag mitsprechen, daß die auf ihre fürstliche und weibliche Würde bedachte frühverwitwete Herzogin im Grunde ein unerfülltes Frauenleben führte. Im ganzen war sie gutmütig, besaß sie Anziehungskraft. In der Sorge um das Wohl der Untertanen huldigte sie dem herrschenden eudämonistischen [auf Glückseligkeit hinstrebenden] Zeitgeist, dieser war ihr auch Herzenssache."

Um jenem dem Glück und der Vervollkommnung der Menschheit zugewandten aufklärerischen Zeitgeist entsprechen zu können, mußte die insbesondere finanziell-wirtschaftliche Misere des Weimarer Staates, die noch durch die Auswirkungen des Siebenjährigen Krieges dramatisch verschärft worden war, bewältigt werden. Das war für die junge, in ihrem Wirken auf eine absehbare Zeit beschränkte Regentin eine schwere, wenn nicht zu schwere Aufgabe. Aber sie besaß einige Herrscherbegabung. Und so hat sie mit Hilfe des Geheimen Rats Jakob Friedrich Freiherrn von Fritsch die eingerissene finanzielle Mißwirtschaft zu großen Teilen beenden und auch sonst in der Staatsverwaltung manche fruchtbare Maßregel treffen können.

So standen ihr nur geringe Mittel zur Verfügung, als sie das schuf, was ihre bedeutendste Leistung ausmachte: den „Weimarer Musenhof". Der Kreis künstlerisch und wissenschaftlich interessierter Persönlichkeiten, den sie in

Herzog Carl August von Sachsen-Weimar-Eisenach
(Bildnis von Lips).

dem noch wenig anziehenden und ungeistigen Weimar zu versammeln wußte, ist es gewesen, der für den Anschluß des Herzogtums und seiner Residenz an den Geist des aufgeklärten Jahrhunderts gesorgt hat. Ihm gehörte schließlich auch der aus dem Schwäbischen gebürtige Christoph Martin Wieland an, der zuletzt Professor der Philosophie und kurmainzischer Regierungsrat an der Universität Erfurt gewesen war und den die Herzogin aufgrund seines politisch-satirischen Romans „Der Goldene Spiegel", eines Fürstenspiegels, als Erzieher ihrer Söhne Carl August und Constantin (gestorben 1793) im Jahre 1772 nach Weimar berufen hatte. 1774 gelangte der Dichter Karl Ludwig von Knebel, ein verabschiedeter preußischer Offizier fränkischer Herkunft, als Hofmeister des Prinzen Constantin nach Weimar. Die Herzogin hoffte, namentlich Carl August nach der feineren Art hin beeinflussen zu können. Denn dieser war „derb, polternd und leidenschaftlich, mehr Jäger und Soldat als Hofmann und Diplomat, urwüchsig im Lebensgenuß, ernestinisch, als sei einer der alten Kurfürsten wieder lebendig geworden, deren Ahnenbilder mit dem Kurschwert von Sachsen an die alte Macht und Kraft des Hauses erinnern. Sie nahm ihn, wie er war. Resigniert und lebensklug bereitete die Mutter ihm den Weg und bog ihn nur ein wenig ab, weg von der Seite des Derben und Rohen, hin zu der Seite des Geistigen, denn hier sah sie für den Fürsten eines kleinen Staates die große Aufgabe." (E. Redslob)

Aber die bestellten Erzieher waren weniger für ihre pädagogische Aufgabe geeignet, als daß sie den Musenhof zu Glanz verhalfen oder ihn sonst förderten. Knebel führte die Söhne der Herzogin auf eine Prinzenreise nach Paris, in deren Zusammenhang die Vermählung Carl Augusts mit Prinzessin Luise von Hessen-Darmstadt betrieben wurde. Bei der daher notwendig gewordenen Zwischenstation im Hessischen vermittelte er für den 11. Dezember 1774 eine Begegnung des Erbprinzen mit Goethe in Frankfurt a. M., der bereits einen Begriff von der sich in Weimar bildenden literarischen Welt hatte. Am 3. September 1775 trat der 18jährige Carl August die Regierung an, um sich kurz darauf auf Brautfahrt nach Karlsruhe (die Darmstädter Hofhaltung war derzeit aufgelöst) zu begeben. Auf dieser lud er am 22. September Goethe, den Verfasser des „Götz von Berlichingen", nach Weimar ein, der dort am 7. November um fünf Uhr früh anlangte.

Die Herzogin Anna Amalia zog sich mit dem Regierungsantritt ihres Sohnes in jenes Palais zurück, das sich der Geheime Rat von Fritsch hatte bauen lassen und das er nun selbstlos an seine Herrin verkaufte: das Wittumspalais, wie man es bald nannte. Ihr Kulturstreben war, wie Hans Tümmler schreibt, „echt und ursprünglich, die Wirkung groß und von Dauer. Ohne eigentlich schöpferisch zu sein, war Anna Amalia in ihrer Art doch eine bedeutende Frau." In seiner Trauerrede auf die Herzogin sagte Goethe im

Johann Gottfried Herder (Gemälde von Graff).

Frühjahr 1807: „Vortreffliche, verdienstvolle Lehrer wurden angestellt, wodurch sie zu einer Versammlung vorzüglicher Männer den Anlaß gab und alles dasjenige begründete, was später für dieses besondere Land, ja für das ganze deutsche Vaterland, so lebhaft und bedeutend wirkte."

Carl August verfügte über hohe Herrschergaben, und er war, wie Edwin Redslob gesagt hat, „in all seinem Tun fürstlich" – als „Soldat und Heerführer, Jäger und Gartenfreund, Schützer der Freiheit des Geistes und stets und durchaus ein Vollmensch". Freilich schwang da manches aus dem Erbe des Großvaters mit: das Überschäumende, das Rastlose, der starke Geschlechtstrieb und rücksichtsloses Herrentum. Die Herzogin vermochte ihren Gatten nicht zu fesseln. Beide führten eine von Krisen erfüllte Ehe, „die sich erst nach schweren Erschütterungen viel später zur Distanz einer wohltemperierten, verläßlichen Freundschaft abklären sollte" (H. Tümmler). War der Herzog darin zu seiner Zeit gewiß kein Einzelfall, so mochte er doch als das „Originalgenie" erscheinen, das wie Goethes „Götz" gegen das nur vernünftige oder auch vernünftelnde Säkulum anrannte und revoltierte, Konventionen durchbrach. Hier setzte nun Goethe, der den „Sturm und Drang" überwunden hatte, mit einem höheren Erziehungswerk an. „Der Dichter begriff", so Redslob, „daß nur der diese Kraftnatur lenken, des Herzogs Wesen rein und edel zur Entfaltung bringen könne, der kameradschaftlich mit ihm im Bunde war, der ihn an Wildheit der Ideen und Einfälle möglichst noch übertreffe, ihm aber zeige, daß man auch beim tollsten Ritt die Herrschaft über die Zügel nie verlieren dürfe. So vollendete Goethe das höchste Erziehungsideal einer neuen Zeit, dessen Verwirklichung Anna Amalia nicht hatte glücken können. Er übertrug nicht verwaschene literarische Ideen eines ‚Fürstenspiegels' auf einen lebendigen Menschen, er verstand seinen Herzog und Zögling aus dessen eigener Natur heraus, gab ihm den Mut, so zu sein, wie er war, und lehrte ihn auf der Grundlage der Selbstbejahung die Selbstbeherrschung."

Hier wurde die Abkehr von der lehrhaften Aufklärung, die in jedem menschlichen Einzelwesen die Züge ihres auf rationalem Wege gebildeten Begriffs von „dem" Menschen wiederfinden wollte, sowie der Übergang zum modernen Individualismus vollzogen, in dem das bedeutendste geistesgeschichtliche Ergebnis der Weimarer Klassik zu sehen ist. Hatte sich im Sturm und Drang das sich seiner besonderen Art bewußte Individuum gegen das aufgeklärte Jahrhundert erhoben, das den Einzelmenschen nur als vernünftiges und berechenbares Wesen gelten ließ, ging es nun darum, dem dagegen anstürmenden Individuum unter voller Würdigung seiner Eigenart und seines Eigenwerts seinen Ort in einem nach dem Vorbild der Antike geordneten harmonischen Ganzen zuzuweisen.

Beim Voranschreiten auf diesem Weg, in den sich der Herzog stets nur widerwillig schickte, war die Berufung Johann Gottfried Herders zum

Generalsuperintendenten in Weimar, die der hier doch gerade erst fußfassende Goethe gegen den Willen des orthodox-lutherischen Oberkonsistoriums durchgesetzt hatte, von großer Bedeutung. Anreger und Mentor Goethes aus Straßburger Tagen, hatte Herder, der am 1. Oktober 1776 in Weimar eintraf, den modernen Individualitätsgedanken besonders in seiner Schrift „Auch eine Philosophie der Geschichte der Menschheit" von 1774 zur Geltung gebracht.

In seinem geistlichen Amte ließ er – zum Mißvergnügen der vorherrschenden Orthodoxie – nicht nur all das, was den Erkenntnissen und dem Geschmack der Zeit nicht mehr entsprach, aus dem kirchlichen Leben verschwinden; er ging bald über das sich im Oberkonsistorium allmählich geltend machende aufklärerische Reformertum hinaus, indem er bei seinem Wirken vor allem den religiösen Stimmungen und Bedürfnissen im Volke mit tiefem Verständnis Rechnung zu tragen suchte. 1786 wurde die Kirchenbuße (Strafgewalt des geistlichen Regiments, d. h. im Auftrage des Landesherrn, bei Verstößen gegen die christliche Moral) abgeschafft, und 1804 trat eine Konsistorialordnung in Kraft, aufgrund derer das Konsistorium die Handhabung des landesherrlichen Kirchenregiments sowie die Gerichtsbarkeit über Geistliche und Lehrer an die Regierung als Verwaltungs- und Justizbehörde abgab. Damit war der Begriff des Staates der Reformationszeit, der weltliches und geistliches Regiment in sich vereinigt hatte, durch den des modernen, des weltlichen Staates überwunden worden, der die Aufgaben des Konsistoriums auf rein geistliche reduzieren mußte.

Das Schulwesen hingegen verblieb innerhalb der Zuständigkeit des Konsistoriums, da man sich angesichts der wenig erfreulichen Finanzlage des Staates den Luxus einer Oberschulbehörde nicht leisten wollte. Es entstanden aber Schullehrerseminare in Weimar und Eisenach; zudem wurden die Lehrmittel (Lesebuch, Katechismus) einer gründlichen Erneuerung unterzogen. Vor allem aber – und hier wurde wiederum eine deutliche Abkehr von der Aufklärung vollzogen – setzte man sich in der Schule eine Schulung und Erziehung des Geistes zum Ziele, nicht die Vermittlung verwertbarer, nützlicher Kenntnisse, wenn auch die Entwicklung praktischer Fertigkeiten nicht vernachlässigt werden sollte. Das Gymnasium unterstand der direkten Aufsicht Herders, der das Gebäude der Anstalt am Platz seiner Predigtkirche (heute Herderplatz 14) von der Superintendentur (heute Herderplatz 8) her mit nur wenigen Schritten erreichen konnte. Ein Mißstand blieb insofern bestehen, als es bei der zu geringen Besoldung der Lehrer auf dem Lande blieb.

Indessen ist es Goethe gewesen, der mit seiner Dichtung, aber auch mit seinen naturwissenschaftlichen Arbeiten den modernen Individualitätsgedanken voll ausgebildet und damit die generalisierende Aufklärung, der etwa Wieland verbunden bleiben sollte, überwunden hat. Zusammen mit dem zehn

Jahre jüngeren Schiller führte er den herzoglichen Musenhof auf die Höhen der Weimarer Klassik.

Der Frankfurter Patriziersohn, der bis zu seinem Tode in Weimar bleiben sollte und Weimaraner geworden ist und der Stadt Weltruhm einbrachte, ist enger mit Thüringen verbunden gewesen, als er selbst gewußt hat. Nicht nur der Vaterstamm und Träger des Geschlechtsnamens war in Thüringen zu Hause (Raum Artern-Sondershausen), sondern auch Großvater Textor hatte einen thüringischen Urgroßvater. Der Dichter war mütterlicherseits mit Lukas Cranach und väterlicherseits mit jenem Christian Brück verwandt, der als Kanzler Johann Friedrichs des Mittleren die Grumbachschen Händel auf dem Marktplatz zu Gotha mit einem grausamen Tod hatte büßen müssen. Von Luther ist das Wort überliefert, alle Juristen seien gottlos außer Doktor Brück. „Wer da weiß, daß Goethe bis 1788 immer wieder mit dem Gedanken gespielt hat, sich als Maler auszubilden, wer von seiner Absicht weiß, die Geschichte Bernhards von Weimar darzustellen, und wer seine Vorliebe für das 16. Jahrhundert kennt, der kann sich vorstellen, wie bestätigt er sich als Nachfahr des bedeutendsten sächsisch-ernestinischen Staatsmannes und des Malers der Reformationszeit gefühlt hätte. Nichts davon hat Goethe geahnt, als er vor Cranachs Grabplatte stand oder als sein Freund Heinrich Meyer das Tafelbild in der Weimarer Stadtkirche zeichnete und beschrieb." (W. Vulpius)

Goethe hat sich neben seinem dichterischen Werk vielfachen amtlichen Verpflichtungen unterzogen und somit seinem Landesherrn sowie dem herzoglichen Gemeinwesen gedient. Natürlich stand ihm hier das Theaterwesen am nächsten; er hat dessen Leitung erst 1817 niedergelegt, als es die gegen ihn schon seit längerem intrigierende Schauspielerin und Iffland-Schülerin Karoline (von) Jagemann, die die Geliebte des Herzogs war, es bei diesem durchgesetzt hatte, daß gegen seinen Willen ein Stück, in dem ein lebender Hund vorkam, doch aufgeführt werden sollte. Goethe, der ansonsten aus Kostengründen mit Schauspielern nur mittelmäßiger Qualität auskommen mußte, die er allerdings sorgfältig schulte, hat die Weimarer Bühne insbesondere in den Dienst des Schillerschen Dramenwerks gestellt; 1799 ermöglichte er die Uraufführung der „Wallenstein"-Trilogie. Die äußeren Umstände waren mehr als dürftig. Nachdem man bis zum Brande des Schlosses im Jahre 1774 im dortigen Theater gespielt hatte, mußte man sich nach geraumer Pause mit einem in vielem sehr primitiven hölzernen Komödienhaus zufriedengeben, das 1780 eingeweiht wurde und 1825 abbrannte. Im klassischen Weimar ist unter geradezu notdürftigen Umständen Theater gespielt worden!

Von Goethe stammte auch der Gedanke, das Weimarer Theater im Sommer in Lauchstädt, einem damals gutbesuchten Badeort, der, rund zehn Kilometer von Merseburg entfernt, zu Kursachsen gehörte, spielen zu lassen, um die Einnahmen aufzubessern. Die Zeit, die dann noch bis zum Beginn der Spiel-

Friedrich von Schiller im Jahre 1804
(Zeichnung von Gottfried Schadow).

zeit in Weimar verblieb, war mit Gastspielen in Erfurt, Rudolstadt und Halle nutzbringend auszufüllen. In Lauchstädt entstand ein bescheidenes Festspielhaus, das so eingerichtet war, daß in ihm die Weimarer Dekorationen verwendet werden konnten. Und so hat es dort tatsächlich zwanzig Jahre hindurch, zwischen 1791 und 1811, alljährlich Sommertheater gegeben, zu dem sich die gebildete Welt Halles, Leipzigs und ihres Umlandes in dem beliebten Bade versammelte. Hierin aber lag der tiefere Zweck, den Goethe mit diesen Theatersommern im Auge hatte: Ihm kam es vor allem auf die Ausstrahlung des Weimarer Theaters in den mitteldeutschen Raum an. Achim von Arnim, Joseph von Eichendorff, die Historiker Dahlmann und Friedrich von Raumer sowie auch die Mutter Richard Wagners hatten hier Erlebnisse, die sie auch später noch mitteilenswert fanden.

Goethe befaßte sich auch mit der auf dem Gebiet des Herzogtums befindlichen Thüringer Landesuniversität Jena. Um sie stand es nicht zum besten, denn sie war von einem fortlaufenden Schwund der Studentenzahlen betroffen. In den dreißiger Jahren des 18. Jahrhunderts waren es in Jena noch etwa 1300 Studenten gewesen, 1750 noch 1000, 1760 nur noch 750 und zu Anfang der siebziger Jahre sogar nur noch 480. Das hatte für die Stadt, die Universität und den Lehrkörper vor allem einschneidende wirtschaftliche Folgen. Der Grund für das Nachlassen des Interesses an der Alma mater Jenensis lag zum einen an der Konkurrenz der damals attraktiveren jüngeren Universitäten Göttingen (gegründet 1737) und Erlangen (gegründet 1743), zum anderen aber daran, daß im Lichte der Aufklärung das Ansehen der Universitäten, die in vielem altertümlich und verfallen wirkten und es in manchem auch tatsächlich waren, ganz allgemein gesunken war und ihnen moderne Bildungsanstalten wie höhere Schulen und Fachschulen sowie Akademien den Rang abliefen.

Aber wie andere Universitäten der Zeit war auch Jena nicht dazu in der Lage, aus eigener Kraft die notwendige Reform ihrer Verwaltung und ihrer Verfassung zu betreiben und den hier wie anderswo herrschenden Nepotismus zu überwinden. Da konnten nur die Erhalterstaaten Weimar, Gotha, Coburg und Meiningen (Hildburghausen hatte auf seinen Anteil verzichtet) helfen, die 1767 auch tatsächlich die Vermögensverwaltung der Universität neu ordneten, wobei Weimar besonderen Einfluß nahm. Das geschah in vermehrtem Maße, nachdem allein die dortige herzogliche Regierung dazu bereit gewesen war, die dringend notwendige Erhöhung der Bezüge der Professoren zu finanzieren. Immerhin blieb man aber weiter von der Zustimmung aller Erhalterstaaten abhängig. So war nicht zuletzt Herzog Carl August – wenn auch häufig nur im Hintergrund – an den Universitätsdingen beteiligt. Und: „In Carl August lebte ein hoher Respekt vor geistiger Leistung; sie zu fördern, war ihm echte Fürstenpflicht." (H. Tümmler)

Die Verfassung und die korporative Selbstverwaltung der Universität, von der Goethe und sein Herzog wenig hielten, blieben jedoch unangetastet; nur einzelne Mißbräuche wurden abgestellt, während die Staatsaufsicht verschärft werden sollte. Zudem blieben trotz der Besoldungserhöhung die Gehälter zu gering, um namhafte Gelehrte nach Jena zu verpflichten oder dort halten zu können; Kammerzulagen waren angesichts der Knappheit der herzoglich-weimarischen Finanzmittel kaum möglich. Der aus Langensalza stammende berühmte Arzt Christoph Wilhelm Hufeland, seit 1793 Professor in Jena, konnte nicht zum Bleiben bewogen werden, da man ihm keine eigene Klinik zu bieten vermochte. Er ging 1800 nach Berlin.

Man hat in Jena den dadurch zutage tretenden Übelstand durch die Ernennung von jungen Gelehrten zu außerordentlichen Professoren wettzumachen versucht und auf diese Weise in kurzer Zeit den akademischen Unterricht verbessern sowie erweitern können. Ein besonderes Augenmerk galt dabei den Naturwissenschaften, die das Interesse Goethes, aber auch des Herzogs fanden. Dieser hat noch stärker als jener die Verbindung zur Technik erkannt. Er war souverän genug, den Apothekenprovisor Johann Friedrich August Göttling auf einen – aus der herzoglichen Schatulle mäßig dotierten – außerordentlichen Lehrstuhl zu berufen, womit der Grund zu den Fächern Chemie und Pharmazie in Jena gelegt war. Zudem wurden Professuren für Botanik und Mineralogie geschaffen. Es entstanden eine Mineralien- und eine Naturaliensammlung. Diese wurde mit einem kleinen Etat im Jenaer Schloß eingerichtet. Jeweils den Professoren zugeordnete Institute wären zu teuer gewesen. 1794 wurde ein botanischer Garten angelegt. Goethe fungierte als der oberste Leiter all dieser neuen Einrichtungen und Anstalten. In seiner Amtsführung war er um so freier, als diese von Weimar allein (oder auch von privater Seite) bezahlt wurden.

Gerade die außerordentlichen Professoren, auf die man aus Kostengründen setzen mußte, sind zum Aktivposten der Universität Jena und darüber hinaus des Landes geworden. Denn es sind unter ihnen talentvolle Vertreter der das hergebrachte Aufklärertum überwindenden Geistigkeit gewesen. Zu ihnen gehörte auch Friedrich Schiller, der 1789 eine unbesoldete Professur für Geschichte übertragen bekam. Er war, nachdem er 1782/83 bei Henriette von Wolzogen in Bauerbach bei Meiningen Aufnahme gefunden hatte, 1787 wieder nach Thüringen gekommen und hatte in Weimar mit Wieland und Herder Umgang gehabt. Seine Berufung an die Universität Jena verdankte er Goethe.

Zum Organ der jüngeren Professoren in Jena wurde die 1785 gegründete Allgemeine Literaturzeitung. Sie erschien in Verbindung mit Friedrich Justin Bertuch, einer nur in jener klassischen Zeit möglichen Mischung aus Gelehrten-, Unternehmer- und Verlegertum, und diente vor allem der Ver-

*Schiller auf dem Wege zu seiner Jenenser Antrittsvorlesung am 26. Mai 1789
(Gemälde von Erich Kuithan).*

breitung der Kantischen Philosophie, der damit verbundenen Strömungen des Geisteslebens sowie der Kritik aufgrund der damit vorgegebenen Maßstäbe. Goethe, Schiller, Wilhelm von Humboldt, August Wilhelm Schlegel und Kant selbst waren die berühmtesten Mitarbeiter. Wenn Kant im Gegensatz etwa zu Leibniz, der ein Mann der Höfe und der Akademien gewesen war, an einer Universität, nämlich an der Albertina in Königsberg in Preußen, wirkte, so gelang es der Allgemeinen Literaturzeitung, einen neuen Begriff der Universität zu prägen, demzufolge sie Stätte der wissenschaftlichen Forschung und Lehre und nicht mehr konfessionell bestimmte Anstalt zur Heranbildung von Geistlichen und Juristen war. Schließlich hatte die Zeitschrift 2400 Bezieher. Sie wirkte zum Ruhme der Universität Jena als einer geistig erneuerten Fechtstätte des Geistes und zugunsten des geistig-literarischen Ansehens des Herzogtums Sachsen-Weimar.

Dieser Ruf sowie die Nähe Goethes und Schillers, die 1794 in Jena die für ihr gemeinsames Werk entscheidende Begegnung hatten, die Anwesenheit anderer erlauchter Geister wie der Brüder Schlegel, Caroline Schlegels (später Schelling) und Ludwig Tiecks, die man mit dem Begriff der Jenaer Romantik bezeichnet, machte die Verpflichtung von akademischen Lehrern höchsten Ranges möglich. Im Sommersemester 1794 wurde Johann Gottlieb Fichte berufen – und zwar trotz der Kritik, die Kursachsen bereits an der Tatsache einer Jenenser Vorlesung über die Verfassung des revolutionären Frankreich geübt hatte und die die Rücksichtslosigkeit und die Kühnheit des Berufenen erst recht herausfordern mußte. Goethe, der die Berufung vor allen betrieben hatte, nannte sie später gewagt, ja verwegen. Der Entlassung Fichtes, der im Frühjahr 1799 vor allem über seine eigene Ungeschicklichkeit fiel, folgte die Berufung Schellings und später Hegels.

Doch die Hochblüte der Universität Jena (wie ganz allgemein der Geistigkeit der Stadt) war kurz, das Ergebnis einer einmaligen Konstellation. Der Rückgang, der die Hochschule sogar mit Auflösung bedrohte, erfolgte bereits nach 1800. Die Anziehungskraft preußischer, bayerischer und badischer Universitäten sowie vergleichbarer Anstalten, die auch infolge der in diesen Jahren erfolgenden Säkularisierung von Kirchenbesitz sehr viel besser als Jena ausgestattet waren, erwies sich auf die Dauer als stärker. Fichte (der an sich gerne an der Saale geblieben wäre), Hegel und Schelling gingen (letzterer über Würzburg) nach Berlin. Dasselbe galt für die Schlegels und Tieck, der Berliner war. Die Allgemeine Literaturzeitung wurde 1803 nach Halle verlegt. In dieser Situation hat Goethe mit vertrauensvoller Rückendeckung durch den Herzog Ausgleich zu schaffen versucht. Er förderte die Institute und Bibliotheken. 1804 gründete er die Jenaische Allgemeine Literaturzeitung, die sich freilich, was ihre Bedeutung anging, nicht mit ihrer Vorgängerin vergleichen konnte.

*Weimar, Goethe-Schiller-Denkmal vor dem Nationaltheater
von Ernst Rietschel, 1857 enthüllt.*

Johann Gottlieb Fichte
(Kupferstich von Jügel nach einem Gemälde von Dähling, 1808).

Es wird immer bewundernswert bleiben, wie in Sachsen-Weimar auf schmalstem wirtschaftlichen Fundament eine geistige Kultur von höchsten Graden erwachsen konnte. Aber auch diese bescheidene wirtschaftliche Grundlage mußte hart erarbeitet werden. Die vorwiegend agrarische Wirtschaft des Landes steckte in einer tiefen Krise. Der Merkantilismus, der auf Autarkie und wirtschaftlichem Abschluß der größeren Staaten nach außen setzte, machte die Vorzüge des Durchgangslandes Thüringen zunichte und schädigte die kleinen Territorien, die, mangels eines eigenen größeren Marktes, auf wirtschaftlichen Austausch angewiesen waren.

Dagegen halfen nur Sparsamkeit sowie Schritte zu einer Wirtschafts- und Finanzreform. Goethe, seit 1782 Leiter der herzoglichen Kammer, hatte ein Jahr später gemeinsam mit den Landständen eine Sanierung des Haushalts zuwege gebracht, ohne daß die Steuern erhöht wurden. Dazu trug wesentlich eine drastische Reduzierung des militärischen Apparates bei, mit der Goethe, obwohl er seit 1779 selbst der Kriegskommission vorstand, dessen Funktionstüchtigkeit und damit auch die Möglichkeit, die innere Ordnung aufrechtzuerhalten, in Frage gestellt hatte, von der Fähigkeit, das Land nach außen zu verteidigen, gar nicht zu reden. Der Haushaltsausgleich war um so nötiger, als dem Gewerbe, das infolge der Handelspolitik der großen Staaten unter akuten Absatzschwierigkeiten litt, namentlich den Tuch- und Strumpfmanufakturen in Apolda, Steuerentlastung oder gar -erlaß gewährt werden mußte. Um die bestehenden Möglichkeiten des Handels voll ausschöpfen zu können, ging es auch um eine Verbesserung des Straßenwesens, für die Goethe in seiner Eigenschaft als Leiter der Wegebaukommission (seit 1779) trotz knappster Mittel manches erreicht hatte. Zudem bemühte er sich als Mitglied der Bergwerkskommission, der er seit 1777 angehörte, um die Wiederaufnahme des Ilmenauer Bergbaus, was freilich vergeblich war.

Auch eine bessere Bodennutzung hat die Weimarer Staatsverwaltung angestrebt. So ging man dazu über, die Brache mit Futterkräutern zu bepflanzen, was eine Vermehrung des Futterertrags und damit des Viehbestandes brachte. Von großer Bedeutung war in Sachsen-Weimar wie sonst auch in Thüringen die Waldwirtschaft. In Weimar waren 44 Prozent des Waldes Kammergut, in Gotha sogar 75 Prozent. „Nur der Waldreichtum ... setzte den Gothaer Herzog instand, Bücher und Münzen zu sammeln, half dem Coburger zu seinen berühmten Kupferstichen. Weimar hätte nicht dichten und Theater spielen, Jena nicht forschen und denken können ohne diese Grundlage." (V. Valentin) Freilich hat Carl August mit seiner ungebändigten Jagdleidenschaft der Land- und Forstwirtschaft seines Landes am meisten geschadet.

Goethes amtliche Tätigkeit, die sich auch in der regelmäßigen Teilnahme an den Sitzungen des Geheimen Rates, in Weimar Geheimes Consilium genannt, ausdrückte, hat wesentlich zur Hebung des Weimarer Staatswesens beigetragen. Selbstverständlich ist ihm, dem der Herzog ein ganzes Leben lang, bei allen persönlichen Gegensätzen, höchstes Vertrauen entgegengebracht hat, nicht alles persönlich zu verdanken; an seiner Seite wirkten der Geheime Rat von Fritsch, der der Betrauung des Dichters mit Staatsgeschäften widerraten hatte, der Minister Christian Gottlob Voigt und andere.

Nachdem sich Goethe mit dem Antritt seiner ersten Italienreise im Jahre 1786 von seinen Amtspflichten zurückgezogen hatte (und nur zu einem ganz kleinen Teile wieder in diese eintreten sollte), um seine dichterische Produktion nicht zu vernachlässigen, zeigten sich die Früchte seines öffentlichen Wirkens. Die Finanzlage des Herzogtums besserte sich wesentlich, so daß man am Beginn der neunziger Jahre darangehen konnte, das 1774 abgebrannte und seitdem in Trümmern liegende Schloß wiederaufzubauen. Das als Sitz der Landstände gebaute Fürstenhaus, in dem die herzogliche Familie wohnte, konnte als landesherrliche Residenz nur ein Notbehelf sein. Auch als 1792 mit der Erklärung des Reichskrieges gegen das revolutionäre Frankreich auf Weimar wesentliche finanzielle Lasten zukamen, mußte der Schloßbau nicht eingestellt werden. Die Arbeiten waren 1803 abgeschlossen. Unter Goethes Oberleitung hatte der Berliner Baumeister Heinrich Gentz im Zusammenwirken mit dem Bildhauer Friedrich Tieck in Gestalt des großen Festsaals, des Treppenhauses und der Falkengalerie die künstlerisch bedeutendsten Räume der wiedererstandenen Residenz geschaffen. Es „sind die schönsten Innenräume nicht nur des Berliner, sondern des deutschen Frühklassizismus überhaupt: Das Treppenhaus mit wuchtiger dorischer Säulenstellung ganz in weißem Stuckmarmor mit feinen Stuckreliefs, der große Festsaal mit blaßgelben leicht vergoldeten Säulen in Marmorstuck, ebenfalls ganz in Weiß, die Galerie mit kassettiertem Tonnengewölbe, in der Detaillierung von größter Feinheit und vom Studium der griechischen Werke Süditaliens zeugend." (H. Schmitz)

Wenn sich auch die ökonomische Lage Sachsen-Weimars merklich gebessert hatte, so hielten sich die allgemeinen Verhältnisse doch in einem sehr bescheidenen Rahmen. Es fehlte das Beamtentum, das in einer Zeit, in der die Bevölkerung noch nicht an Selbsttätigkeit gewöhnt war, in der Lage gewesen wäre, das wirtschaftliche Schwungrad in Gang zu setzen und in Bewegung zu halten. In Preußen etwa hatte seit dem Ende des 17. Jahrhunderts der Machtgedanke ein Ziel bestimmt und die Werkzeuge gebildet, mit denen man es erreichte. In Weimar fehlte der machtpolitische Antrieb. „Im Kleinstaat konnte die Politik und damit auch die Wirtschaftspolitik nicht vom Staate und dessen selbständigen Machtzwecken ausgehen, denn einen solchen Staat gab es nicht; hier standen sich Fürst und Volk gegenüber, ohne durch eine überpersönliche Staatsidee vereinigt, aber auch gebunden zu werden. Und wenn

*Weimar, Landesbibliothek im Grünen Schloß,
Bibliothekssaal von 1761.*

der aufgeklärte Despotismus im Kleinstaat das persönliche Interesse des Fürsten dem Wohl des Ganzen unterordnete, so konnte dieses Ganze eben kein abstraktes Wesen sein, sondern es war unmittelbar die große Masse der Bevölkerung. Ihr Behagen gab den Ausschlag für die Wirtschaftspolitik." (F. Hartung)

Nicht zum wenigsten erklärte sich die wirtschaftliche Besserung in Sachsen-Weimar aus der Tatsache, daß seit dem Ende des Siebenjährigen Krieges 1763, der die thüringischen Lande schwer heimgesucht hatte, der Frieden bewahrt worden war. Hieran hatte Herzog Carl August einen ehrenvollen Anteil. Wirkte er doch an der Gründung des Deutschen Fürstenbundes von 1785 mit, der zwar nicht zum ersten Schritt einer von ihm erhofften Erneuerung des Reiches wurde, aber doch mithalf, den alt gewordenen Preußenkönig vor einem Angriff Österreichs und damit Deutschland vor neuen Beunruhigungen und Verwüstungen zu bewahren. Preußen hat sich dann dem revolutionär verwandelten Frankreich militärisch nicht gewachsen gezeigt, was der Herzog und Goethe miterlebten und was dieser in seiner „Campagne in Frankreich" beschrieb, und 1795 den Frieden von Basel geschlossen. In diesem wurde für ganz Norddeutschland ein Status der Neutralität vereinbart, der auch Thüringen einschloß und lange vor dem ganz Europa beunruhigenden französischen Revolutionsheeren bewahrt hat.

Der große deutsche Historiker Leopold von Ranke (1795–1886), der übrigens selbst Thüringer war, hat die Bedeutung des Friedens von Basel und seiner Wirkungen im ersten Band seines 1877 erschienenen Hardenberg-Werkes in klassisch gewordenen Sätzen umrissen: „Durch den Frieden zu Basel und die Demarkation wurde nun aber inmitten der kämpfenden Weltmächte ein neutrales Gebiet geschaffen, in welchem man unter der Aegide des preußischen Adlers die Segnungen des Friedens genoß. Bezeichnend ist es, daß unter den weltlichen Fürsten Karl August von Weimar eigentlich der erste war, welcher die Aufnahme in die Neutralität begehrte und erhielt. Seine kleine Hauptstadt und die benachbarte Universität Jena bildeten einen der vornehmsten Mittelpunkte der Literatur. Ich wage zu behaupten, daß die Zeit der Neutralität dazu gehörte, um den begonnenen Trieben zu ihrem Fortwachsen und ihrer Reife Raum zu verschaffen. Unleugbar ist es doch, daß die Unruhen und Gefahren des Krieges alles gestört und vielleicht allem eine andere Richtung gegeben haben würden. Der Fortgang der sich selbst überlassenen Kultur beruhte auf der Fortdauer des inneren Friedens und den unerschütterten sozialen Zuständen; zugleich aber auf den Anregungen, die aus der allgemeinen Weltbewegung hervorgingen. Ich will keine Theorie aufbauen, sondern nur in Erinnerung bringen, daß die Jahre der Neutralität fast die fruchtbarsten in der deutschen Literatur gewesen sind, fruchtbar besonders an originalen und für die Nation unschätzbaren Hervorbringungen."

Doch ließ sich der Genius des Krieges in der Gestalt Kaiser Napoleons nicht durch Neutralitätspakte bannen. Nicht zuletzt hatte das Herzog Carl August früh erkannt und Preußen von seiner schwächlichen Politik des Sichheraushaltens abzubringen versucht. Als König Friedrich Wilhelm III. sich im Oktober 1806, militärisch unvorbereitet und politisch isoliert, zur Kriegserklärung an Frankreich genötigt sah und die napoleonischen Truppen in der ihnen eigenen Weise schnell von Süden her über den Thüringer Wald hinwegschritten, wurde auch Thüringen in den großen Kampf hineingezogen. Carl August, der als General der Kavallerie dem preußischen Heere angehörte, war bereits in den Beratungen nach der preußischen Mobilisierung im August vom Generalissimus, dem Herzog von Braunschweig, der übrigens als Bruder der Herzogin Anna Amalia ein Onkel von ihm war, als Führer der Avantgarde vorgeschlagen worden. Carl August hatte sich nicht nur dazu bereit erklärt, dieses Kommando zu übernehmen, sondern auch ein 700 Mann starkes, gut geschultes weimarisches Scharfschützen-Bataillon sowie 40 Husaren mobilgemacht und den preußischen Verbänden in Mitteldeutschland zugeführt. Doch das rasche Tempo der napoleonischen Operationen ließ die von ihm geführte Avantgarde, die bis in den Raum von Meiningen gelangte, ins Leere stoßen, so daß der Herzog, während bei Saalfeld, Jena und Auerstedt (wo die Weimarer Scharfschützen mitfochten) die Entscheidungen fielen, den Rückzug antreten mußte, Weimar, dessen Brände man am nächtlichen Horizont gewahrte, umging, an Erfurt und Gotha vorbei das Eichsfeld erreichte und bei seinem weiteren Marsch nach Norden die Elbe (bei Altenzaun) und die Havel überwinden konnte. „Herzog von Weimar und Eisenach wären wir einstweilen gewesen", bemerkte Carl August, an einem der langen Abende dieses Rückzuges auf einer Trommel sitzend.

In der Tat stand nun die Existenz nicht nur Sachsen-Weimars, sondern der Thüringer Staaten überhaupt auf dem Spiel. Wenn die Herzogin Luise, die gemeinsam mit dem Geheimen Rat von Wolzogen, dem Minister Voigt und dem späteren Kanzler Müller in Weimar die Lage zu meistern hatte, Napoleon auf dem oberen Absatz der Treppe des Weimarer Schlosses, das dieser übrigens „prächtig" (superbe) fand, würdevoll und mutig entgegentrat, so hat sie damit (und in folgenden Unterredungen) nicht nur eine weitere Plünderung der Residenzstadt verhindert, sondern auch einen Beitrag zur Erhaltung des Herzogtums geleistet. Dieses blieb aber wohl vor allem deshalb bestehen, weil sich der Kaiser der Franzosen eine Nutzung der verwandtschaftlichen Beziehung der herzoglichen Familie zum Hof in St. Petersburg (die Herzogin war eine Tante des Zaren Alexander) vorbehalten wollte. Denn Rußland war die einzige kontinentale Macht, die nach dem Zusammenbruch Preußens noch unbesiegt im Felde stand. Schließlich verdankten die Thüringer Staaten insgesamt ihre Weiterexistenz der Abneigung Napoleons, sich im Zuge welthistorischer Entscheidungen mit der Lösung untergeordneter Fragen aufzuhalten. Es kam ihm auf die faktische politisch-militärische Position Frankreichs an.

Jedoch machte der Korse in einer Unterredung mit der Herzogin Luise deutlich, daß, wenn der Herzog sein Land behalten wolle, er unverzüglich aus der preußischen Armee ausscheiden und nach Weimar zurückkehren müsse. Als diesem aber in seinem Hauptquartier davon durch einen Abgesandten der Herzogin Mitteilung gemacht wurde, äußerte er: „Ich habe dem Könige meine treuen Dienste geschworen und werde mein Wort halten, was auch daraus entstehen mag, bis er mich selbst derselben entläßt. Ich werde ihn nicht schändlich in seinem Unglück verlassen." Doch der König, in Kenntnis der Bedingungen des Kaisers, entließ ihn. Er ersuchte den Herzog in einem Brief, sich „für die Wohlfahrt Ihrer Lande und Ihres Hauses sich auf die bestmögliche Weise zu arrangieren". Er brauche, so schrieb er, wohl nicht viele Worte darüber zu machen, wie schwer es ihm werde, sich „von einem so treuen Bundesgenossen zu trennen".

Nachdem der Herzog am 29. Oktober in Wittstock (Prignitz) sein Kommando abgegeben hatte und (mit einer Verzögerung) nach Weimar heimgekehrt bzw. zu Napoleon nach Berlin gekommen war, wurde im Dezember 1806 Frieden geschlossen. Dieser verpflichtete die thüringischen Staaten zur Zahlung von hohen Kontributionen und zur Stellung eines militärischen Kontingents, an dem Weimar allein mit 800 Mann beteiligt war. Nach der Unterzeichnung des Friedensvertrages mußten die Thüringer Fürsten dem im Sommer gegründeten Rheinbund beitreten, dessen Protektor Napoleon war.

Weimar wie den anderen thüringischen Staaten war damit das Dasein eines Vasallen vorgezeichnet. Herzog Carl August hat dennoch seine Würde zu wahren verstanden. „Nur durch unsere Literatur bleiben wir noch Deutsche", schrieb er in jenen Tagen in einem Brief. Er ist daher von dem großen Zertrümmerer des alten Europa, der ihn „Monsieur Weimar" nannte, stets mißtrauisch betrachtet worden. Für das literarische Weimar empfand der Kaiser der Franzosen aber wohl eine gewisse Hochachtung; seine Begegnung mit Wieland und Goethe anläßlich des Fürstentages zu Erfurt im Oktober 1808 kann als Zeichen dafür genommen werden. Für die Erfüllung ihrer Bündnispflicht haben die herzoglichen Staaten einen hohen Blutzoll erbracht; zuerst bekam das Regiment „Herzöge zu Sachsen" im Sommer 1809 beim Einsatz gegen das aufständische Tirol am Eisackenpaß, unterhalb Sterzing, bei der „Sachsenklemme", wie es bald hieß, die Härte des Tiroler Landsturms zu spüren, dann erlitt es beim Einsatz in Spanien 1810 und 1811 derartige Verluste, daß es in die Heimat zurückgeführt werden mußte, und schließlich waren nach einer Auffrischung und einer späten Verwendung im Rußlandwinter 1812/13 von ursprünglich 2000 Mann nur noch 550 Mann dienstfähig.

Die Niederlage Frankreichs in Rußland und die deutsche Erhebung vom Frühjahr 1813 brachte insbesondere die kleinen deutschen Staaten in eine schwierige Situation. Einerseits drohte der russische Marschall Kutusow unter dem Einfluß des Freiherrn vom Stein in seinem Aufruf von Kalisch vom 25. März 1813 allen Staaten, die fernerhin am Rheinbund festhielten, die, wie es hieß, verdiente Vernichtung durch die Kraft der öffentlichen Meinung und durch die Macht gerechter Waffen an; andererseits aber war der „Aller-gefrorenste", wie Carl August Napoleon nach seinem Winterdebakel in Ruß-land spöttisch nannte, auf deutschem Boden noch nicht geschlagen. Tauchten Anfang April in Thüringen auch die ersten Kosaken auf, so zeigte der Kaiser doch bald, daß er noch Herr der Lage war. Am 28. April kam er durch Weimar, und es folgten ihm Truppen in einer Stärke von 20.000 Mann. Carl August und sein Sohn Prinz Bernhard konnten nicht anders, als dem angeschlagenen Empereur bis Eckartsberga das Geleit zu geben. In einem Gespräch mit ihm im dortigen Amtshaus hat der Herzog „vielleicht zum ersten Mal in einem Schauer von Bewunderung die Einzigartigkeit des großen Gegners gefühlt, den seltsam fremden, fast orientalisch-märchenhaften Reiz des Welterobe-rers". Sicher sah er ihn im Unterschied zu Goethe nicht in seiner vollen Größe. „Aber seine nüchterne, seine alltäglichere Betrachtungsweise und das be-stimmte politische Wollen, das dahinterstand, der Zwang, sich mit der von Napoleon geprägten und vergewaltigten Wirklichkeit auseinanderzusetzen, sie bewahrten ihn vor der Übersteigerung, der sein Freund verfiel, und während dessen Verehrung für den Genius des Kaisers auch durch allzu-menschliche Eigenschaften bedingt war, blieb Carl August gegen die niederen Züge im Wesen des Welttyrannen von Anfang an empfindlicher und wurde von der Gesamterscheinung Napoleons nie in demselben Grade überwältigt wie Goethe." (W. Andreas)

Doch dem Frühjahrsfeldzug, in dem sich der große Korse unter erheblichen Verlusten gerade noch zu halten vermochte, folgte nach Vermittlungsver-suchen Österreichs der Herbstfeldzug des Jahres 1813, der ihm mit der Völkerschlacht bei Leipzig vom 16. bis zum 19. Oktober die entscheidende Niederlage brachte. Zu guten Teilen über die „Hohe Straße" Leipzig–Frank-furt a. M., also mitten durch Thüringen hindurch, zog sich der Geschlagene aus Deutschland zurück. Die französische Besatzung der Festung Erfurt hielt sich noch bis zum Januar 1814.

Doch das Strafgericht der Alliierten über die deutschen Verbündeten des Unterlegenen traf nur Sachsen, das zu lange an Napoleons Seite ausgehalten hatte; eine stark zum Tragen kommende restaurative Tendenz gab der Erfüllung der Wünsche Steins, der deutschen Sache ungetreue Fürsten vom Throne zu stoßen, keine Chance. Ja, es kam noch nicht einmal zu einer Auslöschung des Königreichs Sachsen; nur der weniger wertvolle Nordteil

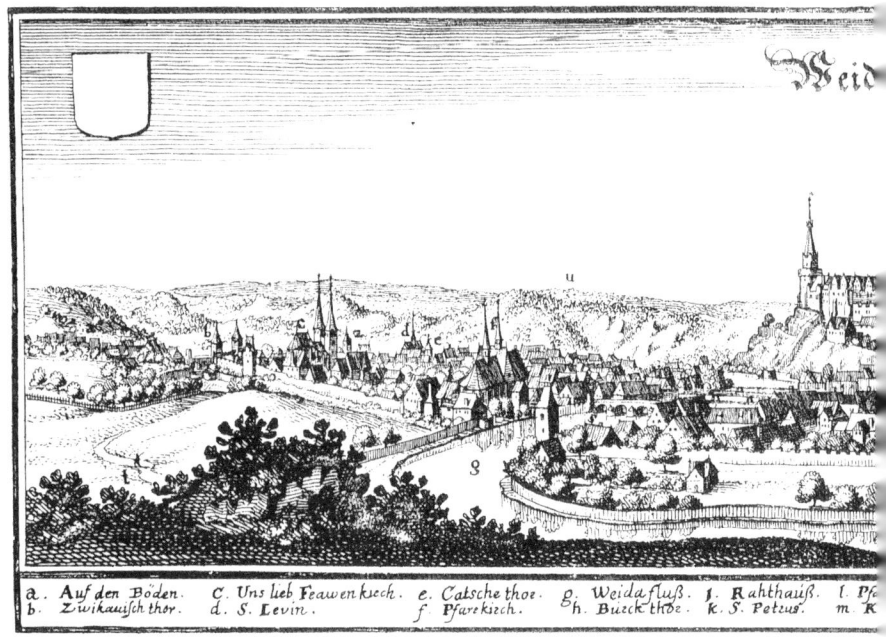

a. Auf den Böden.　C. Uns lieb Feawenkiech.　e. Catsche thoe.　g. Weidafluß.　J. Rahthauß.　l. Pf
b. Zwikauisch thor.　d. S. Levin.　f. Pfarekiech.　h. Bueck thoe.　k. S. Petzus.　m. K

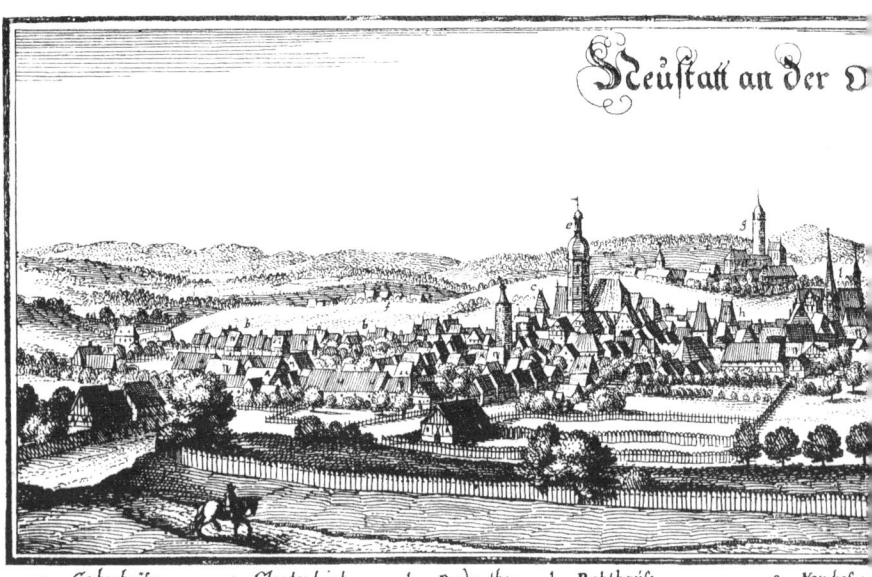

a. Gerberhäuser.　e. Closterkiech.　h. Roder thor.　l. Rahthauße.　o. Newhofer.
b. Vorstatt.　f. Moderwitz.　i. Die Müntz.　m. S. Iohannes kieche.　p. Mahistal.
c. Tripsee thor.　g. Schloß Aensbürg.　k. May mühle.　n. Die Schule.　q. Spittal.

Weida und Neustadt an der Orla (Matthaeus Merian).

Gerawisch thor.   p. S. Anna .   t. Dulckenberg .   u. Hornßberg .   ÿ Rokeritz .
Creus .   q. Gottsacker .   u. Haynberg .   x. Libdorff .   z. Pulfer thurn .

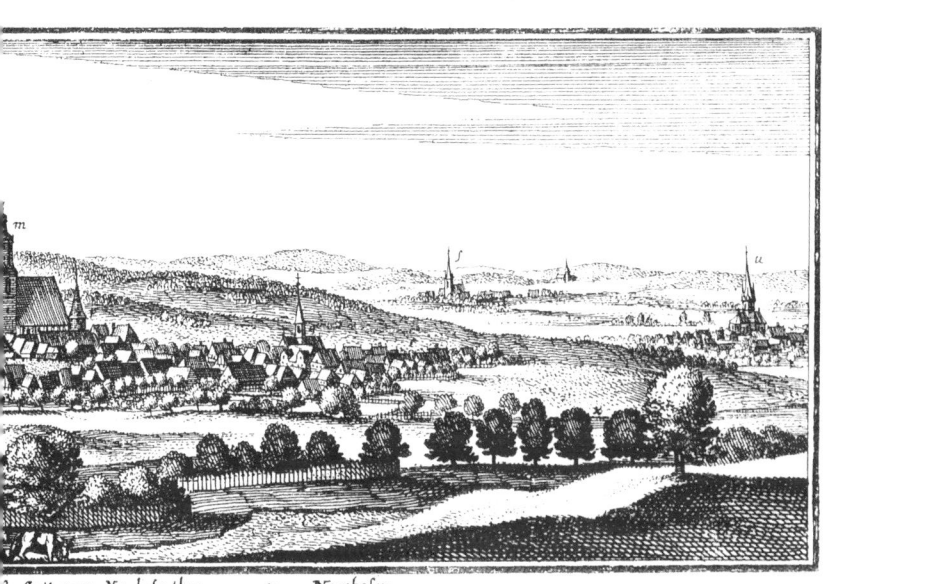

Voeftatt vorm Newhofer thor .   u. Newhofen .
Weira .   x. Oela fluß
Burgwitz .

mußte von ihm abgetreten werden – aber nicht an Herzog Carl August, dem seine Rheinbundzeit angesichts seiner unzweifelhaften Haltung nicht verübelt werden konnte und der sich daher Hoffnungen auf ganz Sachsen gemacht hatte, sondern an Preußen. Dieses vereinigte diese sächsischen Gewinne, die den albertinischen Teil Thüringens mitenthielten, mit der Hinterlassenschaft des 1803 aufgelösten Mainzer Kurstaates (Erfurt und dem Eichsfeld), die Preußen seinerseits bereits zugefallen sowie mit dem Tilsiter Frieden von 1807 wieder verlorengegangen war. Diese aber hatte Carl August bereits in den vorhergehenden Jahren, d. h. von Napoleon, zu erlangen versucht. So entstand neben Thüringen und teilweise mitten in demselben die preußische Provinz Sachsen mit den Regierungsbezirken Magdeburg (mit brandenburgischen Gebieten), Merseburg und Erfurt, dieses mit Nordhausen, Mühlhausen und Suhl (das hennebergisch und seit 1660 albertinisch gewesen war). Daneben blieb die hessische Enklave Schmalkalden bestehen. Weimarer Hoffnungen, sämtliche ernestinischen Besitzungen zugesprochen zu bekommen – von Carl August übrigens gelegentlich mit einem Hinweis auf die Bedeutung seines Herzogtums für die deutsche Literatur gerechtfertigt –, gingen ebenfalls nicht in Erfüllung. Überhaupt hatten die übrigen Thüringer Staaten die Zeit Napoleons und die diese abschließenden Friedensregelungen weitgehend unversehrt überstanden.

Auch Herzog August von Gotha (1804–1822), der ein glühender Verehrer Napoleons gewesen war, mußte keine territorialen Einbußen hinnehmen. Herzog Ernst I. von Sachsen-Coburg-Saalfeld (1806–1844) hatte, da er im preußischen Heere diente, 1806 sein Land verloren, es aber 1807 mit dem Tilsiter Frieden auf russische Fürsprache hin zurückbekommen. In Schwarzburg-Rudolstadt regierte zwischen 1807 und 1814 die Witwe Ludwig Friedrichs II. für dessen noch minderjährigen Sohn Friedrich Günter (1807–1867). Dieser gelangte nach dem Eintritt des Fürstentums in den Deutschen Bund im Jahre 1815 zu einer abschließenden Regelung der Lehens- und Hoheitsverhältnisse. Preußen, das alle diesbezüglichen Rechte der Krone Sachsen abgetreten bekommen hatte, verzichtete auf diese und erhielt dafür die Ämter Heringen, Kelbra sowie das Dorf Wolkramshausen (südwestlich von Nordhausen) überlassen (1816); ähnliche im Verhältnis zu Sachsen-Gotha und Sachsen-Coburg bestehende Fragen fanden (durch Gebietsabtretung und -tausch) bis 1825 ihre Erledigung. Bis 1819 geschah dasselbe hinsichtlich Schwarzburg-Sondershausen. Dieses trat 1816 an Preußen Bruchstedt, Botenheiligen, das Amt Großbodungen (westlich Nordhausen), Allerberg, Hainröden und Utteroda ab.

Weimar, das 1811 auf seine Rechte hinsichtlich Arnstadts gegen die Abtretung von Haßleben (im heutigen Kreis Erfurt), Tönnich und anderem verzichtet hatte, konnte, gemessen an seinen Erwartungen (hinter denen bei Carl

Neustadt a. d. Orla, Stadtkirche St. Johannis
(Titelkupfer von F. G. A. Kaphann, 1827).

August auch die bei einer England-Reise gewonnene Überzeugung von der Notwendigkeit eines größeren Wirtschaftsraumes stand), auf dem Wiener Kongreß 1814/15 nur bescheidene Gewinne verbuchen. Es erhielt den größten Teil des ehemaligen sächsischen, seit neuestem preußischen Kreises Neustadt a. d. Orla (der westliche mit Ziegenrück und Ranis blieb preußisch), die Herrschaft Blankenhain, Kranichfeld, einen Teil des Amtes Tautenburg, die Ämter Azmannsdorf und Tonndorf, Stotternheim, Schloßvippach, Schwerborn sowie die ehemals fuldaischen und dann preußischen Ämter Geisa und Dermbach sowie von Kurhessen Frauensee (im heutigen Kreis Bad Salzungen) und Vacha. Der Weimarer Staat umfaßte damit statt bisher 120.000 fast 200.000 Einwohner. 1816 kam noch Weida hinzu, das seit 1571 albertinisch, 1656–1718 Bestandteil der Sekundogenitur Sachsen–Zeitz, 1717/18 deren Residenz gewesen und 1815 preußisch geworden war. Carl August mußte im übrigen Preußen für Kriegs- und Friedenszeiten die freie Benutzung von Militärstraßen (so vor allem des wichtigen Leipzig–Frankfurter Weges) einräumen und bekam eine Rangerhöhung mit dem Titel Großherzog zugestanden.

Seit Dezember 1813 war Carl August von Weimar offiziell Verbündeter der Alliierten sowie Befehlshaber des dritten deutschen Armeekorps gewesen und hatte, auch aufgrund einer Werbung von Freiwilligen, 1500 Soldaten zum Abschluß des großen Kampfes gegen Napoleon beigesteuert. 1816 verfügte das Großherzogtum Weimar nur noch über eine Garnison in Weimar in Stärke von ganzen 40 Mann und einigen Offizieren.

Carl August von Weimar ist es gewesen, der in Thüringen, ja in Deutschland das Tor zu dem von der Französischen Revolution eingeleiteten konstitutionellen Zeitalter aufgestoßen hat. Noch im Zusammenhang mit den Problemen, die der Aufbringung der an Frankreich zu zahlenden Kontributionssummen entgegenstanden, war hierzu der Anfang gemacht worden. Insbesondere hatte im September 1809 die immer noch bestehende Trennung der Verwaltung der Landesteile Weimar, Eisenach und Jena ihr Ende gefunden. Von grundlegender Bedeutung war dann das nicht vom Landesherrn oktroyierte, sondern mit den Landesvertretern vereinbarte „Grundgesetz über die landständische Verfassung des Großherzogtums Sachsen-Weimar-Eisenach" von 1816, die erste in Deutschland in Kraft gesetzte frühkonstitutionelle Verfassung. Ihr voraus ging im Herbst 1815 die Umwandlung des von der Verfassungs- und Verwaltungsentwicklung vollkommen überholten Geheimen Consiliums in ein durch das Prinzip der Eigenverantwortlichkeit der Minister bestimmtes Großherzogliches Staatsministerium, dessen Leitung der bisherige Vizepräsident des Landschaftskollegiums, Ernst Christian August von Gersdorff, übernahm, der der wichtigste Kopf bei der Ausarbeitung des Verfassungswerkes war. Freilich behielt die durch die Verfassungsurkunde verordnete Repräsentation des Landes noch eine ständische Gliederung, das

*Großherzog Carl August kehrt von der Jagd heim
(Gemälde von Schwerdgeburth).*

Goethe 1828 (Gemälde von Josef Stieler).

hieß Bevorzugung der adeligen und bürgerlichen Rittergutsbesitzer, aber freie Wahl der Vertreter aller übrigen Stände. Durch die Verfassung wurde auch Pressefreiheit gewährt, die de facto schon bestanden hatte, aber unter Napoleon aufgehoben worden war.

Pressefreiheit, ja überhaupt Freiheit der Meinungsäußerung hat den Weimarer Staat in voller Absicht seines Großherzogs insbesondere ausgezeichnet. Doch Erbitterung, die Teile des durch die Befreiungskriege aufgewühlten intellektuellen Bürgertums angesichts des Einsetzens der die Hoffnungen von 1813 vernichtenden Restauration erfüllte, brach sich in Publikationen Bahn, die das rechte Maß vermissen ließen. Das machte es dem Weimarer Staatsministerium schwer, keine Beschränkungen zu verfügen. Wie sollte man sich zu der grobschlächtigen, quasirepublikanischen Agitation des Jenenser Philosophieprofessors Lorenz Oken in seiner naturwissenschaftlichen Zeitschrift „Isis" stellen? Während Goethe für ein Verbot plädierte, wollte Carl August mit der Pressefreiheit ernst machen. In jenen Tagen heizte zudem der Historiker Heinrich Luden in Jena mit seiner Vorlesung über die „Geschichte der Teutschen" nationale Leidenschaften seiner studentischen Hörer an. In seiner Zeitschrift „Nemesis" gestattete er sich sogar Angriffe auf fremde Regierungen. 1815 wurden an der von Weimar nur reichlich 25 Kilometer entfernten Universität die deutschen Burschenschaften – nicht nur unter Duldung, sondern auch mit Billigung des Großherzogs – gegründet, die dann im Oktober 1817 das Wartburgfest feierten und selbst dabei die Unterstützung der großherzoglichen Regierung fanden. Auch nachdem es hierbei, sozusagen bei einem Nachspiel, zu einem abendlichen Feuergericht gekommen war, von dem auch Gegenstände betroffen waren, die die Restauration des Deutschen Bundes versinnbildlichen sollten, stand der Großherzog gegenüber den sich warnend zu Worte meldenden Mächten der Heiligen Allianz für die Freiheit der Meinungsäußerung ein.

Indem sich der „Altbursche", wie der österreichische Staatskanzler Fürst Metternich Carl August nannte, gegenüber einer geharnischten Intervention aus Wien vor die Studenten stellte, riskierte er einiges für sein kleines Staatswesen. Insbesondere eine russische Beschwerde von einiger Massivität von der Jahreswende 1817/18 machte ihm zu schaffen. Erst als der Einfluß des in Jena habilitierten Karl Follen auf den beeindruckbaren Theologiestudenten Karl Ludwig Sand diesen zu seiner Mordtat an dem im russischen Solde stehenden Theaterdichter August Kotzebue veranlaßt hatte und bereits das Gerücht umging, Sachsen-Weimar solle auf russisches Verlangen hin von Sachsen oder Preußen besetzt und die Universität Jena aufgehoben werden, mußte der Großherzog einlenken. Es blieb ihm nichts mehr anderes übrig, als die nun vom Deutschen Bund in Kraft gesetzten Karlsbader Beschlüsse, die die Freiheit der Universitäten und der Presse in Deutschland vernichteten und die Auflösung der Burschenschaften erzwangen, in der Ausführung möglichst zu mildern. Doch Oken und seine „Isis" ereilte nun ihr Schicksal. Weil er sich weigerte, seine naturwissenschaftliche Zeitschrift hinfort von politischen Spitzen freizuhalten, wurde er im Juni 1819 entlassen. Die „Isis" erschien in Leipzig weiter, aber nur noch als reines Fachorgan.

Seine unveränderten Gesinnungen hatte der Großherzog wenige Tage nach der Bluttat Sands vor dem Forum des Bundestages eindrucksvoll dokumentiert, als er auf der Behandlung eines schon länger vorliegenden Weimarer Antrags auf Erlaß einer allgemeinen Universitätsreform, die eine gesamtdeutsche Angelegenheit sei, beharrte. Die Vorlage war als Gegenposition zu einem vorhergehenden, von Wien unterstützten Antrag Hannovers gedacht gewesen, der eine Verschulung des akademischen Unterrichts vorsah. Carl August konnte nichts anderes erwarten, als damit in eine vollständige Isolierung zu geraten. Aber es kam ihm wohl auf eine Demonstration an. Metternich rief empört aus: „Mit Verachtung straft man den Altburschen nicht, er ist sie gewöhnt."

In der Weimarer Vorlage für den Bundestag in Frankfurt a. M. ist jene Überwindung der Aufklärung durch das moderne Individualitätsprinzip, die Herder und Goethe einst in die Wege geleitet hatten und in der wohl die größte Leistung der Weimarer Klassik zu sehen ist, noch einmal auf das schönste manifest geworden. In ihr wurde der Versuch, Universitäten zu „bloßen gelehrten Schulen, Gymnasien" zu machen, entschieden abgelehnt. Wie ausgeführt wurde, seien die deutschen Universitäten Anstalten, „auf welchen es nicht bloß um Unterricht, sondern um Ausbildung des Jünglings in seiner Gesamtheit, um Begründung der nötigen Welt- und Menschenkenntnis, um Entwicklung des Charakters zur Freiheit und Selbständigkeit gleichsam in einem der Jugend künstlich bereiteten Leben" gehe.

Trotz dieses nicht nur mannhaften, sondern auch dem höchsten Stande der Geistesentwicklung entsprechenden Auftretens gegen den Geist der Restauration in Wien gehörte Carl August mit seinem aufgeklärten Autokratentum ins 18. Jahrhundert, desgleichen Goethe, dessen klassische Geistigkeit dem heraufdämmernden Massenzeitalter reserviert gegenüberstehen mußte, wie ihm schon die nationale Erhebung von 1813 fremd geblieben war. Als der Großherzog 1828 im Alter von 71 Jahren starb, von Goethe, der ihm im Tode vier Jahre später nachfolgte, tief betrauert, hatte längst eine neue Zeit begonnen. Beide Männer, in vielem verschiedener Meinung, haben in fünf Jahrzehnten in segensreicher und denkwürdiger Weise zusammengewirkt. „Carl August von Weimar war trotz manchen Mißerfolgs ein nicht unbedeutender Politiker in den Grenzen seiner Zeit und seiner Macht. Er hat das deutsche Fürstenbild des 19. Jahrhunderts maßgeblich mitbestimmt, kaum freilich im Sinne großer Politik, wie er selbst sie zeitweilig noch machen zu können glaubte. Um so mehr hat sein Vorbild als Landesvater und Mäzen spätere deutsche Fürsten, deren effektive Regierungsmacht bekanntlich weiter sank, um schließlich im Deutschen Kaiserreich zu einer Art abgestufter Halbsouveränität zu verkümmern, auf den Weg der Kulturpflege gewiesen." (H. Tümmler)

V
Die Thüringer Staaten,
die deutsche Einheit
und das deutsche Kaiserreich

War das Zeitalter der Französischen Revolution und Napoleons scheinbar spurlos an der thüringischen Staatenwelt vorübergegangen, so mochte man das erst recht bestätigt finden, nachdem am 11. Februar 1825 Herzog Friedrich IV. von Sachsen-Gotha-Altenburg gestorben und mit ihm die von ihm repräsentierte Linie des ernestinischen Hauses erloschen war. Ein Erbstreit hob an, der in der Ungebrochenheit des dynastischen Gedankens, die er offenbarte, auf die Welt des frühneuzeitlichen Fürstenstaates zurückwies. Es war dem König von Sachsen zu danken, daß endlich am 12. November 1826 ein Ausgleich erreicht werden konnte.

Nach der an diesem Tage geschlossenen Übereinkunft kamen das Herzogtum Gotha sowie Königsberg und Sonnefeld, die bisher zu Sachsen-Hildburghausen gehört hatten, an Coburg, das dafür aber Saalfeld mit Pößneck und Themar an das Herzogtum Meiningen abtreten mußte. Dieses erwarb auch den verbleibenden größeren Teil des Hildburghausenschen Territoriums mit Hildburghausen selbst sowie Camburg und Kranichfeld, die seit 1707 bzw. 1728 gothaisch gewesen waren. Herzog Friedrich erhielt nach 40 Jahren Regierung in Hildburghausen statt diesem Altenburg zugewiesen, womit die Linie Sachsen-Altenburg neubegründet worden war.

Die komplizierte politische Landkarte Thüringens war damit kaum vereinfacht worden. Ludwig Bechstein, selbst Thüringer sowie Bibliothekar und Archivar des Herzogs von Meiningen, schrieb in einem Bericht über eine Rennsteig-Wanderung im Jahre 1835: „War der Rennsteig lange schon eine ziemliche Strecke Grenze zwischen S. Weimar und S. Meiningen, so wird nun ein Punkt erreicht, wo ein Dreiherrenstein verkündet, daß die Gebietsteile dreier Fürsten dort sich berühren, nämlich S. Meiningen, S. Gotha und Hessen-Kassel. Doch endet dort das Meiningische, und der Weg wird bloß Grenze zwischen Gotha und Hessen. Die Grenzsteine aus Granit, Sandstein und Waldwacken laufen im Zickzack abwechselnd zur Rechten und zur Linken fort, sind gothaischerseits mit S. G., hessischer mit H. d. H. S. (Herrschaft Schmalkalden) signiert und tragen zum Teil die Jahreszahl 1772; unter den gothaischen Steinen liegen als Marken Ziegelstücke, Glas, Kohlen und Blei-plättchen mit den Buchstaben S. G., unter den hessischen Blei mit H. und grüne Eisenschlacken."

Doch Territorialpolitik im Stile der älteren Zeit ohne Beteiligung der Bevölkerung und ihrer Repräsentanten verdeckte nur, daß auch die thüringische Kleinwelt vom politischen Gedankengut der letzten unruhigen Jahrzehnte, namentlich vom Konstitutionalismus, berührt worden war, also selbst hier die Forderung nach einer durch eine Verfassung verbürgten Teilhabe der Regierten am landesherrlichen Regiment in nachhaltiger Form erhoben werden würde. Verschiedentlich hatte man ihre Erfüllung in einem gewissen Grade bereits vorweggenommen, nicht zuletzt deshalb, weil die fiskalischen Probleme der Kleinstaaten eine Verständigung mit dem gewerbetreibenden und damit kapitalkräftigen Bürgertum erzwangen. Großherzog Carl August von Sachsen-Weimar war hierin mit seiner Verfassung von 1816 vorangegangen. Das Fürstentum Schwarzburg-Rudolstadt hatte diesem Vorbild sogleich nach-geeifert. Der seit 1828 in Weimar regierende Großherzog Carl Friedrich indessen, der Sohn Carl Augusts, Gatte der russischen Großfürstin Maria Pawlowna und Vater der späteren deutschen Kaiserin Augusta (geboren 1811), war zwar sparsamer als der Vater, doch fehlte es ihm an dessen Verständnis für die Tendenzen der modernen Zeit und an Entschlußkraft. Ähnliches läßt sich für andere thüringische Fürsten und ihre leitenden Minister sagen. Weiter war man da schon in Coburg; Herzog Ernst I. hatte seinem Lande bereits 1821 eine Verfassung gewährt.

Doch dann kam erstmals Bewegung in die zurückgebliebene Kleinstaaten-welt in der Mitte Deutschlands: Die Druckwelle der Julirevolution in Frankreich im Jahre 1830 wirkte sich aus. Der Coburger Herzog bekam es mit den soeben hinzugewonnenen Gothaern zu tun. Die Handwerker forderten Reformen des Gewerbewesens. Auch unzufriedene Bauern meldeten sich zu Wort. Denn diese lebten keineswegs alle in dem Wohlstande, von dem die glanzvolle Altenburger Bauernhochzeit von 1843 zeugte, zu der sogar der Herzog von seinem hohen Schloß über der Residenzstadt herabgestiegen war; in den Walddörfern am Rande des Gebirges, wo die Böden weniger gut waren als im Thüringer Becken, gab es viel Armut, zumal man hier die fürstlichen Jagden und den überreichen Wildbestand zu ertragen hatte.

Aber auch in Altenburg herrschte eine allgemeine Unzufriedenheit, die sich in Tumulten äußerte. Herzog Friedrich gewährte daraufhin 1831 eine mit einer Verwaltungsreform verbundene Verfassung. Auch Fürst Günter Friedrich Karl II. von Schwarzburg-Sondershausen, der seit 1835 anstelle seines Vaters Günter Friedrich Karl I. (gestorben 1837) regierte, den er auf ein Jagdschloß gebracht und wegen angeblicher Altersschwäche zur Abdankung genötigt hatte, gestand seinen Untertanen ein Staatsgrundgesetz zu, das nach einer langen, unglücklichen Entstehungsgeschichte endlich 1841 in Kraft treten konnte.

Das Verlangen nach Mitsprache in den Angelegenheiten der kleinen, oft noch nach der Art des Großgrundbesitzes regierten Staatswesen beruhte wesentlich auf ökonomischen und sozialen Entwicklungen in den Thüringer Fürstentümern. Allenthalben hatte die gewerbliche Wirtschaft Fortschritte gemacht, das Bürgertum gestärkt und dieses somit – wenigstens potentiell – zu einem politischen Exponenten gemacht. Merkantilismus und Kontinentalsperre waren überwunden. Die vielen Zollgrenzen blieben zwar vorerst noch bestehen, obwohl die preußische Zolleinheit von 1818, der nur Schwarzburg-Sondershausen für das Gebiet Sondershausen (nicht für Arnstadt) beigetreten war, Bestrebungen ausgelöst hatte, die auf eine Zolleinheit des thüringischen Raumes hinausliefen. Aber schließlich kam es in der Neujahrsnacht 1834 zum Deutschen Zollverein, der auch Thüringen umfaßte.

Wichtige Wirtschaftsstandorte waren Gotha, Altenburg, Gera, Greiz und Apolda. In Gotha waren von alters her Tuchmacherei und Wollweberei sowie Getreide- und Mehlhandel, Bierbrauerei und Biervertrieb zu Hause. Hinzu kamen Porzellanfabrikation (Ernst Wilhelm Arnoldi), Versicherungen und das Verlagswesen (Justus Perthes). In Altenburg waren die Pierersche Hofdruckerei (die 1836 mit dem Leipziger Verleger Brockhaus die erste Auflage eines Universallexikons herstellte), die Bechsteinsche Spielkartenfabrik (die 1897 mit der Stralsunder Spielkartenfabrik vereinigt wurde) und mehrere Hutfabriken tonangebend. Die wirtschaftliche Grundlage Geras (Reuß jüngere Linie) bildete seit dem Mittelalter die Tuchmacherei. Seit 1811 die erste Spinnmaschine, 1836 der erste mechanische Webstuhl und 1833 die erste Dampfmaschine ihren Betrieb aufgenommen hatten, erklomm das Tuchgewerbe an diesem Platz ungeahnte Höhen. Dazu trug auch die Einführung neuer maschineller Färbe- und Appreturverfahren bei. Daneben entwickelte sich in Gera eine bedeutende Metallindustrie, insbesondere Maschinenfabrikation (1841 wurde die erste Maschinenbauanstalt, 1845 die erste Eisengießerei gegründet). Auch in Greiz (Reuß ältere Linie), das 1802 ein Brand fast völlig in Schutt und Asche gelegt hatte, war die Tuch- und Zeugweberei bedeutend (insbesondere in Gestalt der bis 1945 bestehenden Firma Oehler). Einen bemerkenswerten Aufstieg nahm Apolda (Sachsen-Weimar), dessen Strumpffabrikation unter dem die Handelsströme erheblich behindernden Merkantilismus in besonderem Maße gelitten hatte. Hinzu kam hier der Glockenguß. Von Bedeutung war fernerhin die Spielzeugindustrie in Sonneberg im Thüringer Wald, das zu Sachsen-Meiningen gehörte. Hier verband sich bis in überseeische Breiten reichender geschäftlicher Erfolg mit Hungerlöhnen, die die von jeher im Thüringer Bergland herrschende wirtschaftliche Not nicht zu mildern geeignet waren.

Der Kontrast zwischen partieller Modernisierung, eben der des wirtschaftlichen Lebens, und überalterter, in vielem ineffizienter staatlicher Strukturen (beispielsweise im Rechtswesen) hatte für genug Zündstoff gesorgt, so daß, als im Jahre 1848 abermals von Frankreich her revolutionäre Funken sprühten, in den thüringischen Residenzen bald Brände loderten. Sie fanden zusätzlich Nahrung durch unzufriedene Bauern und zum Aufruhr geneigte proletarische Unterschichten, die ein Ergebnis der frühkapitalistischen Entwicklung waren. Die Salinenarbeiter in Salzungen, die vielfach durch maschinelle Technologien brotlos geworden waren, griffen die Beamten und die Besitzer des Salzwerks an; in Sonneberg erhoben sich die Spielzeugarbeiter gegen die Aufträge vergebenden Kaufleute; an vielen Stellen verlangte die Bevölkerung das Recht auf den Wald oder wenigstens auf Holz und Wild.

In ausgesprochen republikanische Richtung ging die Erhebung in Altenburg, wo seit 1831 eine Verfassung in Kraft war, die die Gesetzgebung der Vereinbarung zwischen Landesherrn und Landtag unterwarf. Als schwere Hypothek aber erwies sich in Gestalt des Fortbestehens des Zunftzwanges eine fortdauernde Benachteiligung der gewerblichen Wirtschaft. Noch ehe ein nach einem neuen, infolge der Unruhen bewilligten Wahlrecht gewählter Landtag zusammentreten konnte, wurde Mitte Juni zu Gewalt aufgerufen. Es folgte Barrikadenbau, was wiederum von Herzog Joseph (seit 1834), der durch Begünstigung einer ultrakirchlichen Richtung und eine kostspielige Hofhaltung zum Widerstand gereizt hatte, durch das Herbeirufen sächsischer Truppen beantwortet wurde. Diese konnten, ohne daß es zu ernstlichen Kämpfen gekommen wäre, bald wieder abgezogen werden. Der am 21. Juni eröffnete Landtag erlangte sogar die Gesetzesinitiative. Doch die Forderungen im Lande gingen bis zur Bildung einer Thüringischen Republik. Daraufhin beschloß die Frankfurter Zentralgewalt am 19. September, zur Wiederherstellung der Ordnung in Thüringen unter Oberappellationsgerichtsrat von Mühlenfels als Reichskommissar Truppen zu entsenden. Die Besetzung des Herzogtums erfolgte am 2. Oktober 1848; der Widerstand erlosch. Das Altenburger Ministerium war indessen umgebildet worden. Herzog Joseph, der im Verhalten seiner Untertanen groben Undank am Werke sah und weiterer Konzessionen widerstrebte, dankte am 30. November 1848 ab. Die Tatsache, daß ihm in diesen Tagen seine Gattin in ihrem 49. Lebensjahre entrissen worden war, mag ihn erst recht zur Resignation geneigt gemacht haben. Ihm folgte sein Bruder Georg, der Soldat in österreichischen und bayerischen Diensten gewesen war. Er führte 1850 ein Dreiklassenwahlrecht ein; im übrigen behielt er das Grundgesetz von 1831 bei. Die Märzerrungenschaften wurden von Ernst I., der 1853 Georg nach dessen Tod im Jagdschloß Hummelshain in den Forsten östlich der mittleren Saale zwischen Kahla und Eisenberg folgte, zumeist beseitigt.

Die Zentralgewalt hatten auch Volksaufstände in den Reußischen Staaten beunruhigt, die zur Abdankung Heinrichs LXXII. von Lobenstein-Ebersdorf führten, der gemeinsam mit Heinrich LXII. von Reuß-Schleiz den Territorialbestand des Hauses Reuß jüngere Linie regiert hatte. Damit war dieser wieder in einer Hand, nämlich der Heinrichs LXII., vereinigt. Heinrich gewährte seinen Untertanen 1849 eine 1852 zugunsten der Stellung des Landesherrn revidierte Verfassung.

Neben der Forderung bürgerlicher Grundrechte und deren konstitutioneller Absicherung, die im Mittelpunkt der 48er Ereignisse standen, ging es in jenen Tagen auch um Probleme der bäuerlichen Grundlasten (und ihrer Ablösung) sowie der Patrimonialgerichtsbarkeit, eines grundherrlichen Privilegiums, das als Ergebnis der Revolution aus Deutschland verschwunden ist. In Thüringen stand zudem die Forderung nach – der in den großen Staaten bereits im Zeichen des Absolutismus erfolgten – Zusammenlegung des von den fürstlichen Domänen erwirtschafteten und durch die Kammer verwalteten Vermögens mit dem durch die Stände (Landschaft) verwalteten Steuerertrag und nach der Aussetzung einer Zivilliste für den Landesherrn auf der Tagesordnung. Dabei war das Eigentumsrecht der fürstlichen Familien an den Domänen, wozu insbesondere der reiche Waldbesitz zählte, unbestreitbar. Denn die Domänen waren nicht wie anderswo aus kaiserlichen Lehen entstanden, sondern durch Erbschaften, Käufe und Verträge erworben worden; dem Weimarer Großherzog waren die Domänen durch die Verfassung von 1816 ausdrücklich übertragen worden. Auch hatten die Landesherren immer wieder Überschüsse aus den Domänenerträgen für den Staatshaushalt verwendet.

Doch jetzt ging es den Ständen, auch angesichts der Not des Hungerjahrs 1847, um eine grundsätzliche Regelung in dem Sinne, den Aufwand der fürstlichen Haus- und Hofhaltung zu beschränken und den Hauptteil der Domäneneinkünfte zur Ergänzung des Steueraufkommens dem allgemeinen Staatsetat zuzuschlagen. Es ging um die Behebung der kleinstaatlichen Finanzmisere und um die finanzielle Kontrolle der Fürsten.

In Sachsen-Weimar wurde noch im März 1848 das nutzbare Kammervermögen vom großherzoglichen Kammerfiskus auf den großherzoglichen Landschaftsfiskus übertragen und diese Regelung mit der Bewilligung einer Zivilliste für den Großherzog verbunden. Die Zuspitzung der Lage in Weimar hatte sich schon Ende Februar in der Absage aller Bälle und Blumenquadrillen durch den Hof angekündigt. Nach Unmutsäußerungen der Bürger war es am 8. März auf dem Markt und vor dem Schloß zu einem Auflauf von nicht weniger als 3000 Bauern gekommen. In den bei dieser Gelegenheit gehaltenen Reden hatte es unter anderem geheißen: „Wir lieben den Großherzog und die Großherzogin, die uns so viel Gutes tut, wir wollen nichts Böses, keine

Schloß zu Altenburg, Stich.

Unordnung – aber wir wollen – da wir nun einmal da sind –, daß sie unsere Klagen hören, die man ihnen verborgen hat."

Neben der Vereinigung des Kammervermögens mit den Staatseinnahmen gestand der Großherzog seinen Untertanen das direkte und allgemeine Wahlrecht zu, nahm es ihnen aber wieder, als der Sturm, der im weiteren auch republikanische Tendenzen namentlich im Zusammenhang mit der Universität Jena an die Oberfläche gebracht hatte, vorbei war (1852). Zu Schmälerungen des Wahlrechts kam es auch in Gotha, Meiningen, Altenburg, Sondershausen und Gera. In Greiz war keine Verfassung zustande gekommen. Eine Reform der weimarischen Verwaltung, die (wie in Sachsen-Meiningen) die Ersetzung des bisher im Staatsministerium geltenden Kollegialprinzips durch das bürokratische Prinzip mit einem Leitenden Minister an der Spitze und die Gliederung des Landes in fünf Bezirke vorsah, war eine bleibende Frucht des unruhigen Jahres.

Am bemerkenswertesten erscheinen die revolutionären Ereignisse in Sachsen-Coburg und Gotha, wo Herzog Ernst II. seit dem Jahre 1844 als Nachfolger seines Vaters Ernst I. regierte. Er war nicht zuletzt durch die unmittelbare Anschauung des damals fortgeschrittenen politischen Lebens in Belgien, wo sich sein Onkel Leopold 1831 vom Volke zum König hatte wählen lassen, zu ausgesprochen liberalen Ansichten gelangt. Diese Einsicht in die Probleme seiner Territorien sowie politisches Geschick hatten ihn bereits vor den Märzereignissen des Jahres 1848 zu Reformen schreiten lassen. Sie bezogen sich auf die kommunale Ordnung der Residenzstadt Coburg (wobei den Gemeinden des Landes erst 1852 das volle Selbstverwaltungsrecht eingeräumt wurde) und auf die Verantwortlichkeit der Staatsdiener gegenüber dem Lande und den Ständen. Über die Möglichkeiten, die sich ihm bei diesen Reformversuchen boten, machte sich der Herzog keine Illusionen. „Alles, was mir an der Spitze zweier der kleinsten deutschen Staaten als Aufgabe erscheinen konnte", so hat er später einmal bemerkt, „war, daran zu denken, die Segel vor dem Sturme zu reffen."

In Coburg befand man sich dann allerdings nur am Rande des Sturmes. Der Herzog konnte hier den Umstand, daß im deutschen Frühjahr 1848 die politischen Verhältnisse in Fluß geraten waren, zur Fortsetzung seiner Reformen nutzen, ohne sich dabei unter direktem Druck zu befinden. Auf das Zugeständnis der Pressefreiheit sowie des Petitions- und Versammlungsrechts folgte eine Rechtsreform (Beseitigung der Klassenjustiz, Öffentlichkeit und Mündlichkeit der Rechtspflege sowie die Einrichtung von Schwurgerichten). Mit dem Landtag vereinbarte der Herzog im April 1848 die Aufhebung der ständischen Gliederung der Landesvertretung sowie die geheime Wahl der Abgeordneten und die völlige Gleichberechtigung der Untertanen hinsichtlich des Wahlrechts und der Wählbarkeit. Es war dies eine Errungenschaft, die

im Unterschied zu anderen deutschen Staaten auch später nicht zurück-
genommen wurde.

Dem Zentrum des Sturmes näher war man in Gotha. Noch im März
entsprach der Herzog Gothaer Petitionen, in denen eine Repräsentativverfas-
sung gefordert wurde. Ein Entwurf, den der neugewählte Landtag noch im
selben Monat vorlegte, erklärte nicht nur das Domänenvermögen zum Staats-
gut, sondern bestimmte auch, daß der Schwerpunkt der Gesetzgebung bei der
Volksvertretung liege; dem Herzog war nur ein suspensives, also ein aufschie-
bendes Veto eingeräumt worden. Das widersprach dem für den Deutschen
Bund rechtlich verbindlich festgelegten sogenannten monarchischen Prinzip,
das die Souveränität im Staate ungeteilt in der Person des Fürsten vereinigt
sah. Dennoch genehmigte Ernst II. den Gothaer Verfassungsentwurf, während
die Familie, voran der liberale englische Prinzgemahl Albert, der Bruder des
Herzogs, wegen der Bestimmungen hinsichtlich des Domänenvermögens,
aber auch deshalb gegen den Entwurf des Staatsgrundgesetzes Einspruch
einlegte, weil der Herzog von diesem zur obersten Exekutivbehörde degra-
diert werde. Ernst II. hatte, wenn wir seinem Memoirenwerk glauben dürfen,
den Verfassungsentwurf „in der Voraussicht" sanktioniert, „daß die Stände
selbst auf ganz legalem Wege die Remedur der Mängel finden werden".

Ernst II., der für die Gothaer Repräsentativversammlung also noch den
altertümlichen Ausdruck „Stände" gebrauchte, sollte recht behalten. Die am
3. Mai 1852 erlassene Gesamtstaatsverfassung für Coburg und Gotha, die aus
der Gothaischen Verfassung entwickelt worden war, bestimmte: „Die gesetz-
gebende Gewalt wird von dem Herzog in Gemeinschaft mit den Landtagen
nach Maßgabe der in der Verfassung enthaltenen Bestimmungen ausgeübt."
Allerdings tat auch das dem monarchischen Prinzip, wie es Artikel 57 der
Wiener Schlußakte von 1820 bestimmt hatte, nicht genug. Deshalb erhob man
in Frankfurt a. M. sofort Einspruch; der Herzog hat so das Staatsgrundgesetz
bis zum Ende der fünfziger Jahre gegenüber der Bundesgewalt verteidigen
müssen.

Die Gesamtstaatsverfassung war das größte Anliegen Ernsts II. gewesen,
dessen Herzogtümer doch lediglich in seiner Person eine Klammer besaßen,
also nur in „Personalunion" verbunden waren. Doch diese in eine „Real-
union" zu verwandeln, fiel schwer, so wichtig es verwaltungstechnisch und
wirtschaftlich auch gewesen sein mochte. Denn Coburg und Gotha, die durch
den Thüringer Wald voneinander getrennt waren, hatten vor allem wirtschaftlich wenig miteinander gemein. Der lokale Egoismus triumphierte. Deshalb
drang der Herzog 1848 mit seiner Forderung, das Unionsprojekt vor der
Verabschiedung der Gothaer Verfassung, die ja das Vereinigungswerk er-
schweren mußte, zu beraten, nicht durch. So sah das Staatsgrundgesetz von
1852 nur eine teilweise Angleichung von Verwaltung und Gesetzgebung vor;

Finanz- und Domänenfragen blieben Angelegenheiten Coburgs oder Gothas. Die Landtage bestanden für jeden Teil gesondert fort; erst seit 1874 tagten sie bei gewissen Tagesordnungspunkten gemeinsam. Den Beitrag der Herzogtümer zu den Unterhaltungskosten der thüringischen Landesuniversität Jena hat bis 1918 Gotha allein getragen.

Die Domänenfrage blieb allenthalben in Thüringen problematisch. In Weimar machte Großherzog Carl Alexander, der 1853 auf seinen Vater Carl Friedrich gefolgt war, 1854 die in der Revolution zugestandene Vereinigung von Haus- und Staatsvermögen wieder rückgängig. In Altenburg blieb es bei dieser Lösung. In den beiden Schwarzburg ging die Verwaltung der Domänen, die Eigentum des Landesherrn blieben, an den Staat über. In Coburg und Gotha wurde ein zur Teilung des Domänenbesitzes führender Ausgleich mit der herzoglichen Familie erst nach 1900 gefunden. In Sachsen-Meiningen mußte der seit 1846 andauernde Streit um die Domänen 1871 durch einen Schiedsspruch des Dresdner Oberappellationsgerichts, in der Hauptsache im Sinne des Landesherrn, beigelegt werden.

Herzog Ernst II. von Sachsen-Coburg und Gotha erkannte, daß gerade das Schicksal der Kleinstaaten von einer Neuregelung der deutschen Dinge abhing, bei der die neuen liberalen und nationalen Kräfte einen Kompromiß mit den historischen Gewalten, d. h. mit den Fürsten, eingingen. Denn in partikularer Beschränkung gab es für sie kein Überleben. Er hat daher im bezeichneten Sinne Politik zu treiben versucht, wobei sicher auch die Tatsache mitentscheidend war, daß wie einst bei Carl August von Weimar der geistige Zuschnitt, die Tatkraft und der Geltungsdrang dieses Fürsten innerhalb der engen Grenzen seiner Herzogtümer kein Genügen fanden. Auch wurde in diesen die Forderung nach einer Volksvertretung beim Deutschen Bund erhoben. Seitens der provisorischen Zentralgewalt verfolgte man währenddessen zeitweilig den Gedanken einer Vereinigung Thüringens mit Sachsen. In Weimar sprach man im Zusammenhang mit dem jungen Eisenbahnbau über den Plan, einen „Eisenbahnkreis" zu bilden, der aus Thüringen, Sachsen, Hannover, Anhalt, Brandenburg, Schlesien, der Provinz Sachsen und Pommern bestehen und innerhalb dessen der Paßzwang entfallen sollte. Daneben bestanden im Anschluß an Vorstellungen früherer Zeiten Forderungen der Weimarer Beamtenschaft, Thüringen unter der Vorherrschaft Sachsen-Weimars zu einigen. Sie wurden in der Frankfurter Nationalversammlung von liberalen Gothaer Abgeordneten zum Scheitern gebracht. Man wollte hier keinen neuen deutschen Mittelstaat, sondern die deutsche Einheit.

Dementsprechend hat auch Ernst II. seine ganze Hoffnung auf die Nationalversammlung in Frankfurt a. M. gesetzt und dann, als sich im Laufe des Jahres 1848 das Schwergewicht der Macht in Deutschland wieder von Frankfurt nach Wien und Berlin zurückverlagerte, auf Preußen. So unter-

Prinzgemahl Albert, Gatte der Königin Victoria von England und jüngerer Bruder Herzog Ernsts II. von Sachsen-Coburg und Gotha.

stützte er nach dem Scheitern der Paulskirche die preußischen Unionsbestrebungen, denen das sogenannte Nachparlament vorausgegangen war, in dem sich vom 24. bis zum 29. Juni 1849 Abgeordnete der erbkaiserlichen Partei in Gotha zusammengefunden hatten, die das Zustandekommen eines Reichstages erstrebten. Ernst II. und sein Bruder, der Prinzgemahl Albert, haben mit größter Energie an der Bildung des Unionsparlaments mitgewirkt, das am 20. März 1850 in Erfurt zusammentrat.

Nach dem Scheitern der preußischen Unionsbestrebungen hat sich Herzog Ernst II. Österreich angeschlossen, ohne bei diesem in der nationalen Frage Entgegenkommen zu finden. Seit dem Ende der fünfziger Jahre setzte er daher auf die damals im Bürgertum wiedererwachende deutsche Nationalbewegung. Er veranstaltete in Coburg und Gotha nationalgestimmte Sänger-, Turn- und Schützenfeste, weshalb man ihn bald „Schützen-Ernst" nannte. Doch wurde das – auch von den derlei Dingen ablehnend gegenüberstehenden Standesgenossen des Herzogs – in seiner Bedeutung zuweilen überschätzt. Der bürgerlich-gemütliche Charakter überwog doch. Gustav Freytag, der sommers in Siebleben bei Gotha lebte und dem Herzog freundschaftlich verbunden war, hatte das erkannt: Es „versammelt sich der Deutsche, einem Hange seines biederen Herzens folgend, periodisch in den gesegneten Fluren von Coburg-Gotha: Vorschußverein, Lehrerverein, Turn-Gesang-Schützenfestverein, und Gott weiß was noch sonst, ... Stolz empfindet sich der Coburger als Mittelpunkt Deutschlands und sucht dieses geographischen Privilegiums, das in Baedekers Reisehandbuch durch Deutschland gebührend gewürdigt wird, durch starke Vertilgung guten Bieres wert zu bleiben."

Immerhin förderte der Herzog den 1859 entstandenen Nationalverein, der zum Keim des parteipolitischen Liberalismus in Deutschland werden sollte. Als er den Unwillen Österreichs und des Deutschen Bundes auf sich gezogen hatte, ermöglichte Ernst II. es ihm, seinen Sitz in Coburg zu nehmen, und verteidigte ihn in gleichlautenden Noten an verschiedene Fürsten. In der Zeit des Schleswig-Holstein-Konfliktes 1863/64, in dem er den Gedanken eines Volkskrieges gegen Dänemark, dem es die meerumschlungenen, sich trutzig zum Deutschtum bekennenden Lande zu entreißen gelte, mit der Parteinahme für Friedrich von Augustenburg als Herzog in diesem Lande verband, soll er in seinen Territorien sogar mit der Aufstellung von Freikorps beschäftigt gewesen sein. Die preußische Politik Bismarcks, die Dänemark mit den Mitteln der herkömmlichen Kabinettspolitik beizukommen suchte, lehnte der Herzog ab, zumal ihn dessen Kampf gegen die liberale Landtagsmehrheit in Berlin im Heeres- und Verfassungskonflikt 1862 und später mit Abscheu erfüllte. Das bedingte auch eine Parteinahme für Österreich. Doch bei Ausbruch der Auseinandersetzung zwischen Preußen und Österreich um die

Neugestaltung des Deutschen Bundes im Jahre 1866 wechselte Herzog Ernst im letzten Augenblick auf die preußische Seite über.

Der Herzog hatte 1861 mit Preußen eine Militärkonvention abgeschlossen, war selbst preußischer General und mußte mit jenen preußischen Offizieren rechnen, die das herzogliche Bundeskontingent befehligten. Im tieferen aber mochte für ihn jene Erwägung ausschlaggebend gewesen sein, die der weimarische Minister von Watzdorf am Vorabend des österreichisch-preußischen Waffenganges angestellt hatte. Am besten wäre es, so meinte dieser damals, auf preußische Seite zu treten, denn die preußische Regierung müßte in einer österreichfreundlichen Haltung der in ihrer Machtsphäre liegenden thüringischen Staaten eine feindselige Haltung erkennen. Die „Beseitigung des eignen Regimentes" würde die „unausbleibliche und unmittelbare Folge" sein. Bei einem österreichischen Sieg jedoch könne geltend gemacht werden, daß man „unter den Kanonen von Erfurt" zu einem Anschluß an Preußen gezwungen gewesen sei. „Erfurts stattliche Zitadellen und Festungsberge stehen ernst und trotzig, wie Schirmherren Thüringens", hatte Ludwig Bechstein geschrieben.

Carl Alexander von Weimar ist wie Ernst II. von Coburg, obwohl wie dieser seinerzeit Anhänger der Unionsbestrebungen, 1866 nur zögernd dem preußischen Bundesreformplan, der ein nach dem allgemeinen und gleichen Wahlrecht gewähltes Bundesparlament vorsah, beigetreten. Ähnliches gilt für Heinrich LXVII. Reuß jüngere Linie, den Bruder und Nachfolger Heinrichs LXII. (seit 1854). Ernst I. von Sachsen-Altenburg hingegen, der dem Herzog Georg 1853 in der Regierung gefolgt war (und bis 1908 regieren sollte) sowie 1862 mit Preußen wie der Coburger eine Militärkonvention geschlossen hatte, trat 1866 dem preußischen Bundesreformentwurf vorbehaltlos bei und stellte Preußen seine Truppen zur Verfügung. Fürst Friedrich Günter von Schwarzburg-Rudolstadt entschied sich 1866 ebenfalls eindeutig für Preußen. Herzog Bernhard II. Erich Freund von Sachsen-Meiningen hingegen, der bereits seit 1803 regierte, bis 1821 unter der Vormundschaft seiner Mutter, hielt zu Österreich, obwohl er 1849 die Reichsverfassung angenommen hatte und den preußischen Unionsbestrebungen beigetreten war. Er zeigte sich bei den Friedensverhandlungen dem Beitritt zum Norddeutschen Bund derart abgeneigt, daß im September 1866 preußische Truppen wie schon im Laufe des Krieges in Meiningen einrückten. Daraufhin dankte der Herzog zugunsten des Erbprinzen Georg, des späteren „Theaterherzogs", ab. Als entschiedener Kritiker der Reichspolitik sollte sich Heinrich XXII. Reuß ältere Linie erweisen, der seit 1859 als Nachfolger seines Vaters Heinrich XX., bis 1867 unter der Vormundschaft seiner Mutter Karoline, geborener Prinzessin von Hessen-Homburg, regierte. Diese gehörte 1866 wie der Meininger zu den Gegnern Preußens. Dessen Führung erwog seinerzeit, ob nicht das kleine Territorium wegen der feindlichen Haltung seines Fürstenhauses aufzuheben sei. König Wilhelm I.

wollte aber ein solches Vorgehen gegenüber dem minderjährigen Fürsten und seiner verwitweten Mutter nicht genehmigen. Diese schloß dann im September 1866 mit Berlin Frieden und führte das Fürstentum in den Norddeutschen Bund hinein. Die Kaufmannschaft von Greiz hatte nach dem Kriege die Annexion des Landes durch Preußen erstrebt.

Die Thüringer Staaten hatten den Umbruch der deutschen Verhältnisse wie ein Naturereignis hinnehmen müssen. Doch er hatte sie nicht verschlungen. Herzog Ernst II. von Sachsen-Coburg und Gotha war nach einem Bekenntnis gegenüber Gustav Freytag mit dem Reich von 1871 im großen und ganzen zufrieden, auch wenn diesem, wie er wußte, an Liberalität noch manches fehlte. Ein Ziel war erreicht, das er 1848/50 vergeblich miterstrebt hatte. Und Platz war im Reich Bismarcks auch für die kleinen Fürsten. Die weimarische Großherzogin Sophie, die Gattin Carl Alexanders, bemerkte einmal über zwanzig Jahre später: „Ja, wir sind dem alten Reichskanzler stets Freunde geblieben, was wäre 1870 ohne ihn geworden!"

Auch Thüringen hat an dem wirtschaftlichen Aufstieg, der mit der Reichsgründung in Deutschland einsetzte, teilgehabt. Die Voraussetzungen dafür, daß die Möglichkeiten, die ein einheitliches Währungs- und Wirtschaftsgebiet, ein großer nationaler Raum, boten, genutzt werden konnten, wurden vor allem in den fünfziger Jahren geschaffen.

Das galt auch für Gera, das zwischen 1858 und 1876 Eisenbahnanschluß (Strecken Saalfeld–Gera–Leipzig und Chemnitz–Gera–Jena–Weimar) bekam und dadurch seine Handelsbeziehungen wesentlich ausweiten und seine Steuereinnahmen vermehren konnte. Davon zeugte bald die Existenz eines Konsulats der Vereinigten Staaten von Nordamerika in der Stadt wie auch die Tatsache, daß Gera 1892 nach Halle a. S. als zweite Stadt in Deutschland den Betrieb einer elektrischen Straßenbahn eröffnete. Zur Textilindustrie (über 30 Betriebe mit Fabrikation von Kammgarnstoffen, Kammgarnspinnereien, Stückfärbereien und Appreturanstalten) sowie zur Metallindustrie (Maschinenbau und Eisengießerei) kam vor allem der Musikinstrumentenbau hinzu. Dieser knüpfte an den Orgel- und Klavierbau an, der in der ersten Hälfte des 18. Jahrhunderts durch einen Silbermann-Schüler in die Stadt gekommen war. In der zweiten Hälfte des 19. Jahrhunderts verlagerte sich der Schwerpunkt dieser Branche mehr und mehr auf die Massenfabrikation von Drehorgeln, Mundharmonikas und automatischen Spielapparaten, die besonders in Amerika Absatz fanden. Bedeutend waren auch Buch- und Steindruckereien sowie lithographische Anstalten.

In Greiz begann eine neue Phase der Industrialisierung, als nach 1860 gegen den erbitterten Widerstand der Handweber (Greizer Leinenweberkrieg) mechanische Webstühle eingeführt wurden. Im Jahre 1868 erfolgte die Gründung eines Betriebes, in dem 200 mechanische Webstühle arbeiteten. Der

Anschluß an das Eisenbahnnetz 1875 mit Hilfe der Elstertalbahn (Leipzig–Gera–Greiz–Plauen–Hof) trug wesentlich dazu bei, daß die Greizer Tuchindustrie (Kaschmir, Merino und Konfektionsstoffe) Weltruf errang und diejenige Geras überflügelte. Es war so kein Zufall, daß der Verband sächsisch-thüringischer Webereien und die Konvention sächsisch-thüringischer Färbereien, beides 1904 gegründete Unternehmenszusammenschlüsse, ihren Sitz in Greiz nahmen. Im Zusammenhang mit der Tuchindustrie wurden hier neben Färbereien Bleichereien, Spinnereien und Maschinenfabriken heimisch.

Auch die von der Strumpfwirkerei lebende Industriestadt Apolda verdankte dem Eisenbahnanschluß (Halle a. S., Leipzig–Apolda–Erfurt–Eisenach) zwischen 1846 und 1856 sowie der Einführung der Dampfmaschine (seit 1866) manche Förderung ihrer Geschäfte. Den Aufstieg Apoldas zu einer wohlhabenden Stadt bewirkte dann am Ende des 19. Jahrhunderts der Übergang zur Produktion modischer Strick- und Wirkwaren. Hinzu kamen unter anderem Färbereien, Maschinenbau, Fahrräder- und Fahrzeugbau (bald auch Kraftwagen der Marke „Apollo").

In Sachsen-Weimar kamen nun noch zwei Industriestandorte dazu: Jena und Eisenach. Die 1846 in Jena von Carl Zeiss gegründete optische Werkstätte entwickelte sich seit 1880, nachdem der Physiker Ernst Abbe in sie als Teilhaber eingetreten war, zu einer feinmechanischen und optischen Firma von Weltruf, wozu die Entwicklung neuer Glassorten durch den Chemiker Otto Schott wesentlich beitrug, aus dessen Labor – mit Hilfe von Abbe und Zeiss sowie einer Subvention des preußischen Staates – die Firma Schott und Genossen erwuchs. Sozialpolitische Bedeutung gewann die 1889 gegründete Carl-Zeiss-Stiftung, in deren Besitz schließlich sowohl das Zeiss- als auch das Schott-Werk einging. Voran stand ferner in Jena in Verbindung mit dem Ausbau der Universität das Verlagswesen. 1874 war der Anschluß an die Saalebahn (Saalfeld–Jena–Naumburg–Leipzig, Halle a. S.) erfolgt und 1876 die Verbindung Chemnitz–Gera–Jena–Weimar hergestellt worden. Eisenach erhielt 1847 Eisenbahnanschluß nach Osten (Gotha–Erfurt–Naumburg–Leipzig, Halle a. S.) und seit 1849 nach Westen (Bebra–Frankfurt a. M.). Seit 1858 führte die Werrabahn von Süden heran (Lichtenfels–Coburg–Hildburghausen–Meiningen–Salzungen–Eisenach). Gewerblich gab Farb- und Metallfabrikation den Ton an. 1898 gründete Ehrhardt eine Fahrzeugfabrik, aus der später ein Betrieb der Bayerischen Motorenwerke hervorging. Das benachbarte Gotha gewann zu seinem traditionellen Gewerbe am Ende des Jahrhunderts Waggonbau und eine Eisenbahnhauptwerkstätte sowie die Fabrikation von Pianofortes hinzu.

Für das Gewerbe Altenburgs wurde seit der Mitte des 19. Jahrhunderts eine auf drei Firmen verteilte Nähmaschinenindustrie prägend. Von Bedeutung waren auch der Geldschrank- und Maschinenbau sowie die chemische Industrie. Der Eisenbahnanschluß erfolgte zwischen 1844 und 1848 (Leipzig–Altenburg–Reichenbach i. V.–Plauen–Hof). Von wirtschaftlich ausschlaggebender Bedeutung für das Herzogtum Altenburg erwies sich der Braunkohleabbau um Meuselwitz. Eine Förderung im großen Stil wurde in den fünfziger Jahren aufgenommen. 1872 begann die erste Brikettpresse ihre Arbeit, und zugleich erfolgte der Anschluß an das Eisenbahnnetz (Zeitz–Meuselwitz–Altenburg). 1876 gesellte sich zu den Braunkohlegruben Maschinenbau (Heymar & Pilz), dann Porzellan- und Tonwarenfabrikation.

Zunächst der Zollverein, dann der Eisenbahnbau und schließlich die Reichsgründung ließen die Wirtschaft in den thüringischen Staaten mit derjenigen in den preußischen Gebieten Thüringens in enge Beziehung treten. In Erfurt, das zwischen 1847 und 1859 an die große Ost-West-Eisenbahnmagistrale (Halle a. S., Leipzig–Frankfurt a. M.) angeschlossen wurde, waren das vor allem die Metall- und Maschinenindustrie (Gewehre, Lokomotiven, Waggons, Werkzeugmaschinen und schließlich Flugzeuge) sowie Schuhindustrie, Gartenbau und Samenhandel. In Nordhausen, das 1869 Knotenpunkt der Eisenbahnlinien Kassel–Halle a. S. sowie Erfurt–Nordhausen wurde, waren wirtschaftlich die Fabrikation von Kautabak, Tabak und Zigarren (am Ende des Jahrhunderts 16 Betriebe), Kornbranntwein (am Ende des Jahrhunderts 70 Betriebe mit einer jährlichen Produktion von etwa 500.000 hl), Tapeten, Geweben, chemischen Erzeugnissen und Kaffee-Ersatz tonangebend. Um die Jahrhundertwende kam die Maschinen-, Motoren- und Schachtbauindustrie hinzu. In Sömmerda, seit 1879 an der Eisenbahnlinie Erfurt–Sangerhausen gelegen, wurden Eisenwaren, insbesondere Waffen und Munition, produziert; Johann Nikolaus von Dreyse erfand hier an seinem Geburts- und Wohnort das berühmte Zündnadelgewehr. Eine sehr viel ältere Waffenproduktion (seit Mitte des 16. Jahrhunderts) bestand in Suhl, das seit 1884 an der Eisenbahnstrecke Erfurt–Meiningen lag. Werkzeug- und Maschinenfabrikation sowie eine solche von Fahrrädern, Porzellan und Holz- und Spielwaren trat hinzu.

„Die Romantik ist und bleibt doch begraben!", wird in Bechsteins Reisebuch gesagt. „Als am Johannestage achtzehnhundertundsiebenundvierzig die erste Lokomotive auf dem Bahnhof zu Eisenach pfiff, schlug die bis dahin offene Pforte ihres Zauberberges klingend zu."

Der erhebliche Anteil, den Thüringen am wirtschaftlichen Aufstieg Deutschlands im Zeitalter der Industrialisierung hatte, brachte es mit sich, daß in dieser Region verschiedene Wurzeln der deutschen Arbeiterbewegung lagen. In Eisenach wurde im August 1869 auf einem Allgemeinen Deutschen Sozialdemokratischen Arbeiterkongreß die „Sozialdemokratische Deutsche Arbeiterpartei" gegründet, die sich unter August Bebels und Wilhelm Liebknechts Führung mit dem Beschluß eines Parteiprogramms die marxistische Klassenkampflehre zu eigen machte. Die „Eisenacher", wie die Partei auch

Johann Nikolaus von Dreyse.

kurz genannt wurde, vereinigten sich 1875 in Gotha mit dem von Ferdinand Lassalle gegründeten reformistischen Allgemeinen Deutschen Arbeiterverein. Das aus diesem Anlaß beschlossene Gothaer Programm fand wegen ihres in der Natur des Zusammenschlusses begründeten Kompromißcharakters die harsche Kritik des im Londoner Exil lebenden Karl Marx. 1891 beschlossen die Sozialdemokraten, die indessen zwölf Jahre Bismarckscher Kampfpolitik im Zeichen des Sozialistengesetzes durchgestanden hatten, in Erfurt ihr berühmtes Erfurter Programm, das sich aus einem streng marxistischen allgemeinen und einem reformistischen praktischen Teil zusammensetzte und damit den Zwiespalt kennzeichnete, in dem sich die zu Macht und Einfluß gelangte Partei befand.

In Thüringen wurde auch eine Antwort auf den Sozialismus gegeben, indem sich in Gotha am 6. und 7. Oktober 1872 deutsche Nationalökonomen zusammenfanden, die bald darauf in Eisenach den „Verein für Socialpolitik" gründeten. Ihr Ziel war eine reformerisch orientierte Sozialpolitik, die sich innerhalb des bestehenden Wirtschaftssystems hielt, aber den berechtigten Interessen der Arbeiterschaft Rechnung trug.

Währenddessen ging im neuen Reich der Einfluß der Bundesfürsten auf die Gestaltung der deutschen Dinge merklich zurück. Das galt erst recht für die Thüringer Duodezfürsten. Wie schon früher waren sie darauf verwiesen, ihre Bedeutung und Daseinsberechtigung als Förderer der Künste und der Wissenschaften zu erweisen. Doch das mußte schwer fallen, da man auf diesem Gebiete stets an der Leistung Thüringens im 18. Jahrhundert gemessen wurde. Was mochte demgegenüber das Coburger Theater als Uraufführungsort der Opern Ernsts II. oder auch die Musikpflege der Fürsten Günter Friedrich Karl I. und Günter Friedrich Karl II. in Sondershausen bedeuten – das Konservatorium und das (nach einer Freilichtaufführungsstätte benannte, heute noch bestehende) „Lohorchester", das immerhin kein Geringerer als Franz Liszt hochschätzte und mit dem Max Bruch 1868 sein g-Moll-Violinkonzert zur Uraufführung gebracht hatte! Ja, selbst die Meininger Bühne unter Herzog Georg II. hob sich vom Hintergrund namentlich des klassischen Weimar nur schwach ab.

Immerhin hat sich Weimar in der langen, bis 1901 währenden Regierungszeit des Großherzogs Carl Alexander eine gewisse Bedeutung bewahren können. Der Großherzog war durch Eckermann und seine Mutter Maria Pawlowna erzogen worden, die ihrer tiefen Verehrung für die deutsche Klassik mit der Einrichtung von vier Dichterzimmern im Westflügel des Weimarer Schlosses (von denen je eines Goethe, Schiller, Wieland und Herder gewidmet ist) rührenden Ausdruck verliehen hatte. So bekam Weimar allerdings etwas Museales, das sich sogar im Erscheinungsbild der Stadt auszudrücken schien. „Es ist doch ein sehr kleiner Ort und von einigen größeren

Sondershausen, Stich.

Gebäuden, Museum, Schloß, Post, Bahnhof abgesehen, kann Weimar schon zu Goethes Zeit so ausgesehen haben", schrieb Ludwig Raschdau, zwischen 1894 und 1897 Gesandter Preußens an den thüringischen Fürstenhöfen, in sein Tagebuch. „Enge Straßen im alten Teile, altmodische Giebel, sehr hohe Dächer, das Volk behäbig und spießbürgerlich, so konnte der Ort wohl Goethe bei der Beschreibung des Osterspaziergangs als Muster vorgeschwebt haben. Wirtschaftlich ist Weimar, zum Teil absichtlich, zurückgeblieben und von Apolda und Gotha überflügelt worden."

Und dennoch: Franz Liszt wirkte hier und brachte 1850 im Weimarer Theater Richard Wagners „Lohengrin" zur Uraufführung. Auch Engelbert Humperdincks „Hänsel und Gretel", in manchem Wagner verpflichtet, kam hier heraus, dirigiert von dem damaligen Weimarer Kapellmeister Richard Strauss. Franz Dingelstedt machte sich zwischen 1857 und 1867 als Weimarer Theaterintendant um das Werk Hebbels verdient und brachte erstmals Shakespeares Königsdramen auf die Bühne. Die Weimarer Malerei, namentlich die Landschaftsmalerei, machte sich einen Namen; an der 1860 gegründeten Kunsthochschule lehrten Lenbach, Böcklin, Liebermann, Beckmann und van der Velde. Als persönliche Leistung des Großherzogs, der „der verfeinerte Enkel stärkerer Ahnen" war und dem „eine seltene, späte, menschliche und fürstliche Reife, eine unvergeßliche Verbindung von Grandseigneur und Gentleman" eignete (V. Valentin), kann die historisierende Neugestaltung der Wartburg gelten, die die Zeit des Minnesangs und diejenige der Reformation – auch mit Hilfe von Fresken von Moritz von Schwind – verklärend verewigen wollte. Kein Ort wäre dazu geeigneter gewesen als die Wartburg, die, wie Ludwig Bechstein schrieb, „wie eine Fürstin über der Pracht der Wälder, über der freundlichen Stadt Eisenach thront, vom Heiligenschein der Sage verklärt, mit dem Sternenmantel der Romantik bekleidet, die leuchtende Krone der Geschichte auf dem greisen Haupte tragend".

Dem Großherzog, der im Gespräch mit dem in Jena wirkenden Zoologen und Philosophen Ernst Haeckel ein beträchtliches Maß an Toleranz bewies, trat seine literarisch interessierte Gattin Sophie aus dem Hause Oranien zur Seite, die im Rufe der Klugheit wie der Wohltätigkeit stand. Nachdem die beiden Enkel Goethes den Nachlaß ihres großen Vorfahren dem großherzoglichen Hause vermacht hatten, begründete sie das Goethe-Schiller-Archiv, eine damals einmalige Institution, aus der die „Nationalen Forschungs- und Gedenkstätten der klassischen deutschen Literatur" unserer Tage erwachsen sind. Sodann veranlaßte sie eine auf den Originalhandschriften beruhende Gesamtausgabe von Goethes Werken, die Weimarer Ausgabe, die man zu Ehren ihrer Förderin Sophien-Ausgabe nennt. In diesem Zusammenhang konnten auch Goethes Briefe an die Frau von Stein, die nach Amerika gehen sollten, erworben werden, wobei Kaiser Wilhelm II. bei einer Kaufsumme von

Franz Liszt.

70.000 Mark mit einer finanziellen Zuwendung aus seinem Dispositionsfonds in Höhe von 7000 Mark half, die der Großherzogin noch fehlten; er hätte, wie der Chef des Zivilkabinetts, von Lucanus, versicherte, wenn nötig, auch mehr gegeben. Als Großherzogin Sophie im März 1897 plötzlich an der Zuckerkrankheit verstorben war, gab ihr auch der Kaiser die letzte Ehre. Die Teilnahme der Bevölkerung war außerordentlich. Es machte großen Eindruck, daß der Kaiser in die Fürstengruft stieg und dort einen Kranz niederlegte.

Großherzog Carl Alexander hat seine letzten Jahre vereinsamt und unter vergleichsweise dürftigen Umständen zugebracht. Merkwürdigerweise hatte ihn seine Gattin testamentarisch enterben lassen. „Die Decke ist jetzt überall zu kurz, an allen Enden muß gespart werden", notierte der preußische Gesandte Raschdau am 18. Juni 1897 in seinem Tagebuch. „Für außerordentliche Fälle ist nichts übrig. Die Vorsteher der Kunstinstitute empfinden das schmerzlich ... Die Töchter haben das Ihre fortgenommen, und so ist mancher Raum im Schloß leer geworden. Aber auf der Wartburg ist der Großherzog auf seinem eigenen Werke. Und er empfindet den Wert dieser großen weihevollen Stätte, die er selbst aus eigenen Mitteln so würdig wiederhergestellt hat. Ich habe oft mit ihm über die Bedeutung seiner Burg gesprochen, die die großen Vorgänge des Minnegesangs, der Bibelübersetzung, des wiedererstandenen Nationalgefühls in dankbarer Erinnerung hält. Dann folgt er mir gern auf dem Wege, den deutsches Gefühl so gern wandert, und nennt sich mit Stolz einen deutschen Fürsten."

Großherzog Carl Alexander starb 1901. Es folgte ihm sein Enkel Wilhelm Ernst in der Regierung, da der Sohn und Thronerbe Carl August bereits im November 1894 an der Riviera einem Nierenleiden erlegen war. Wilhelm Ernst war, obwohl selbst kaum musisch interessiert, der Bauherr des Nationaltheaters in seiner jetzigen, nach Kriegsbeschädigungen wiederhergestellten Gestalt. Im Sommer 1893 war Herzog Ernst II. von Sachsen-Coburg und Gotha ohne direkten Thronerben gestorben. Die Nachfolge fiel auf den Engländer Alfred, den zweiten Sohn des Prinzgemahls Albert und der Königin Victoria von Großbritannien und Irland. Seine Ehefrau war die Großfürstin Maria, die einzige Tochter Zar Alexanders II. von Rußland. Alfred starb bereits im Sommer 1900 auf Schloß Rosenau bei Coburg. Da sein einziger Sohn Alfred ein Jahr früher in einer Heilanstalt bei Meran erst 25jährig gestorben war und der damit erbberechtigte dritte Sohn der Königin Victoria, der Herzog von Connaught, um seine bedeutende Militärkarriere nicht aufgeben zu müssen, auf die Nachfolge verzichtet hatte, folgte aufgrund eines Thronfolgegesetzes von 1899 dessen Neffe, der Herzog von Albany. Für diesen, als Herzog Carl Eduard genannt, führte bis 1905 Erbprinz Ernst zu Hohenlohe-Langenburg, der Schwiegersohn Herzog Alfreds, die Regierung.

Carl Alexander,
Großherzog von Sachsen-Weimar-Eisenach.

Fürst Heinrich XXII. Reuß ältere Linie, der seinen bisher absolutistisch regierten Untertanen eine mit nur geringen Rechten ausgestattete Volksvertretung gewährt hatte und seine Lande sparsam verwaltete, sich aber in seinem ausgeprägten Souveränitätsbewußtsein mit seiner Stellung als Bundesfürst nicht abfinden konnte und daher in mehr oder minder deutlicher Opposition zur Reichspolitik stand, regierte von 1867 bis 1902. Die Haltung seines Landes im Bundesrat bestimmte er im Sinne eines scharfen konservativen Partikularismus persönlich; sein Regierungspräsident Meusel vermochte die Politik des Fürsten nach einer gewissen Zeit nicht mehr mitzutragen und trat zurück. Sein einziger Sohn, Heinrich XXIV., auf dessen Augen nach dem Tode des Vaters allein die ältere Linie noch stand, war regierungsunfähig. Für ihn führten Heinrich XIV. und Heinrich XXVII. von der jüngeren Linie die Regierung. Die reichsfeindlichen Bestrebungen des verstorbenen Fürsten entsprachen nicht dem reichsfürstlichen Verständnis der Verweser und fanden daher ihr Ende. Heinrich XIV. regierte zwischen 1867 und 1913. Sein Sohn und Nachfolger Heinrich XXVII. war schon seit 1908 mit der Stellvertretung seines Vaters in beiden Ländern beauftragt.

In Schwarzburg-Sondershausen dankte Fürst Günter Friedrich Karl 1880 nach 45jähriger Regierung offiziell infolge eines Augenleidens zugunsten des Erbprinzen Karl Günter ab (und starb 1889). Dieser hatte ihn (wie er selbst einst seinen Vater) zum Rückzug von seinem Amte gedrängt, was den Leitenden Minister, Hans Hermann von Berlepsch, den späteren preußischen Handelsminister, zum Rücktritt und zum Verlassen des Landes veranlaßte. Fürst Karl Günter war ohne legitimen Leibeserben – ebenso wie Fürst Günter Victor von Schwarzburg-Rudolstadt. Deshalb wurde 1896 ein Hausvertrag geschlossen, in dem festgelegt wurde, daß nach dem Tode beider Prinz Sizzo von Leutenberg, der einer zunächst nicht als legitim angesehenen Ehe des Fürsten Friedrich Günter von Schwarzburg-Rudolstadt entstammte, thronfolgeberechtigt sein sollte. Seit dem Tode des Fürsten Karl Günter im Jahre 1909 und dem damit verbundenen Aussterben der Sondershausener Linie wurden die beiden schwarzburgischen Territorien von Rudolstadt aus in Personalunion regiert.

In Rudolstadt waren auf den Fürsten Friedrich Günter, der nur illegitime Nachkommen, darunter den erwähnten Prinzen Sizzo, hinterlassen hatte, 1867 sein Bruder Albert, der 1869 starb, und dessen Sohn Georg in der Regierung gefolgt. Nach Georgs unerwartetem Tod im Jahre 1890 fiel, da nähere Thronerben fehlten, die Nachfolge auf Günter Victor, einen Enkel von Georgs Großoheim Karl, einem jüngeren Bruder des Fürsten Ludwig Friedrich II., der im Zeitalter der Französischen Revolution in Rudolstadt regiert hatte.

Neben Ernst II. von Sachsen-Coburg und Gotha und Carl Alexander von Sachsen-Weimar-Eisenach ist wohl Herzog Georg II. von Sachsen-Meiningen,

*Großherzogin Sophie von Sachsen-Weimar-Eisenach (1824–1897),
Zeichnung um 1845.*

der im Frühsommer 1914 starb, der bedeutendste Thüringer Fürst in der zweiten Hälfte des 19. Jahrhunderts gewesen. Er war eine hoheitsvolle Erscheinung, von hochgewachsener Gestalt und mit eindrucksvollem Kopf, der von einem wallenden Vollbart umrahmt wurde. Das Gespräch mit ihm, das durch seine Schwerhörigkeit behindert war, erwies sehr schnell, daß er ein in vielem wohlunterrichteter Fürst war und nicht nur über Musik, Theater und Malerei, seine Lieblingsgebiete, etwas zu sagen wußte. Er hatte von 1844 bis 1847 in Bonn und Leipzig Rechtswissenschaft, Geschichte und Volkswirtschaft studiert. Seit 1868 preußischer General der Infanterie und Teilnehmer am Deutsch-Französischen Krieg 1870/71, vermied er es doch, als Herzog Uniform zu tragen, und scheute sich nicht, ein deutliches, kritisches Wort zu äußern. Er war ein Verfechter der Bismarckschen Einigung gewesen, befürwortete aber eine liberale Ausgestaltung des Reiches. Sein Herzogtum hatte er durch einen Ausbau der Selbstverwaltung der Städte und Gemeinden und des Volksbildungswesens im Sinne der Trennung von Kirche und Schule sowie durch eine Wahlrechtsreform zu einer Art liberalem Musterstaat bei sparsamer Verwaltung gemacht.

Wenn das Verhältnis des Herzogs zum deutschen Kaiserhof nicht gut war, so lag das weniger an seinem Liberalismus oder seinem Föderalismus (den auch der Kaiser im großen und ganzen teilte), sondern daran, daß seine 1873, ein Jahr nach dem Tode seiner zweiten Gemahlin Feodore aus dem Hause Hohenlohe-Langenburg geschlossene morganatische Ehe mit Frau von Heldburg, wie sich der Gesandte Raschdau ausdrückte, in Berlin „mit scheelen Augen angesehen" wurde. Als Kaiser Wilhelm II., der in der Sache einzulenken beabsichtigte, einmal in Meiningen einen Besuch ankündigte, aber auf den Rat der Erbprinzessin, seiner Schwester Charlotte, hin dem Herzog taktloserweise bedeutete, daß sich dabei Frau von Heldburg fernhalten möge, beantwortete Georg II. diese Zumutung in eindeutiger Weise, indem er sich auf Reisen begab. Der preußische Gesandte pflegte zumeist dem Herzog ohne seine Frau seine Aufwartung zu machen. Frau von Heldburg tat, wie man oft hörte, viel Gutes und übte auf Georg II. einen guten Einfluß aus. Wie Raschdau nach seinem Antrittsbesuch in Meiningen im Dezember 1894 notierte, war sie liebenswürdig, anspruchslos und verleugnete ihre bescheidene Herkunft nicht. Sie war Schauspielerin und hieß mit bürgerlichem Namen Helene oder Ellen Franz. „Sie ist noch immer von ansprechendem Äußeren, ihre Züge gewinnen durch ein lebhaft bewegtes Auge", hielt Raschdau fest.

Auf Georg II. folgte 1914 sein Sohn Bernhard. Er war seit 1894 kommandierender General des 6. Armeekorps in Breslau. Der zweite Sohn Georgs II., Prinz Ernst, lebte als Maler in München und war mit der Tochter des Schriftstellers Wilhelm Jensen, Katharina Freifrau von Saalfeld, verheiratet. Dieser

Großherzog Wilhelm Ernst von Sachsen-Weimar-Eisenach.

Umstand hatte insofern Bedeutung, als der herzogliche Bruder ohne männliche Leibeserben war.

Das Werk Herzog Georgs II., des „Theaterherzogs", war das Schauspielensemble des Meininger Hoftheaters, „die Meininger", dessen künstlerische Leitung er persönlich innehatte und dabei dramaturgisch-literarisch von seiner sachkundigen Ehefrau beraten wurde. Das Theatergebäude, das zwischen 1829 und 1831 erbaut worden war, nahm sich sehr stattlich aus. „Es enthält außer dem Bühnenraum von 45 Fuß Tiefe und 63 Fuß Breite [zu je etwa 0,3 Meter] und dem sehr freundlichen Auditorium mit 2 Bogenreihen und 1 Galerie und außer den Garderoben, Requisitenkammern, den Localen der Theaterökonomie, dem geräumigen Büfett, dem Musikprobezimmer und dem imponierenden, von dorischen Säulen getragenen Vestibüle noch ein den Reunionen dienendes, im edelsten Geschmack dekoriertes Local, bestehend aus einem Saal mit vier anstoßenden Zimmern, Büfett, Orchester und zwei Galerien", schreibt Ludwig Bechstein. Das Gebäude brannte am 5. März 1908 ab; der heutige Theaterbau entstand innerhalb nur eines Jahres.

Zwischen 1874 und 1890 führte die Meininger Hoftheatergesellschaft in 81 Gastspielen in allen Großstädten Europas (unter anderem in Amsterdam, London, St. Petersburg und Odessa) 41 meist klassische Werke in 2591 Vorstellungen auf, wobei sie sich durch vollendetes Zusammenspiel ohne virtuoses Hervordrängen einzelner Akteure in einer historisierenden, auf das Spiel sorgfältig abgestimmten Ausstattung von großer Authentizität auszeichnete. Ihr Einfluß auf das deutsche und europäische Theater war bedeutend.

1890 wurden die Gastspiele, denen der Herzog auch die Oper geopfert hatte, eingestellt, nachdem ihre Aufgabe erfüllt schien. Zwischen 1895 und 1899 war Paul Lindau Intendant des Hoftheaters, das für ihn das Sprungbrett nach Berlin wurde. Seit 1880 wirkte Hans von Bülow, der Hofkapellmeister in München gewesen war und dort Wagners „Tristan und Isolde" uraufgeführt hatte, als Hofmusikintendant in Meiningen. Zwischen 1911 und 1914 war Max Reger Leiter der Meininger Hofkapelle, die sich einen europäischen Ruf erwarb.

Kunstpflege diente wie zu allen Zeiten auch damals zur Repräsentation des Staates. Diese war in Thüringen um so wichtiger, als die dortigen Kleinstaaten stets ihre Existenzberechtigung dokumentieren mußten. Und wenn das Zeremoniell auch manchmal verstaubt wirkte und gelegentlich der grotesken Züge nicht entbehrte oder nur allzu deutlich unter dem Fehlen der notwendigen Mittel litt, so gilt doch, was Ludwig Raschdau aufgrund seiner Erfahrungen einmal feststellte: „Man muß es diesen kleinen Höfen lassen, daß sie die Repräsentation ansehnlich und geschmackvoll zu gestalten wissen."

Nach seinem Antrittsbesuch in Meiningen Ende 1894 hatte Raschdau zu notieren: „Der Hofstaat ist sehr eingeschränkt, gleichwohl erfolgte große

Weimar, Großherzogliches Schloß von Südosten
(Portalbau erst 1913–1914 entstanden), Zustand 1991.

Auffahrt mit altertümlichem Galawagen, die Wache unter Gewehr. Der Fürst empfing mich allein … Daran schloß sich eine Festtafel mit etwa 26 Gedekken." Auch in Sondershausen, wo er Ende Januar 1895 seine Aufwartung machte, sah sich Raschdau in würdigen Formen empfangen. „Durch einen riesigen altmodischen Prunkwagen wurde ich von der Bahn abgeholt und von der Spalier bildenden Bevölkerung der kleinen Residenz mit großen Augen in dem reich vergoldeten Glaskasten angestaunt. Der bejahrte Fürst Karl Günter ließ die feierliche Redeform bald fallen und gab sich in gemütlich-einfacher Weise. … Nach der Verabschiedung beim Fürsten verweilte ich über eine Stunde beim Staatsminister Petersen, der die Verantwortung für die Leitung dieses Staatswesens mit würdiger Gelassenheit trägt." Fürst Günter von Schwarzburg-Rudolstadt hatte dem Gesandten zu seinem Antrittsbesuch im Dezember 1894 Unterkunft in seinem über der Stadt liegenden mächtigen Schlosse Heidecksburg angeboten. „Wagen holten mich und meine Begleitung vom Bahnhof ab, und Hofmarschall von Klüber empfing mich vor dem Eingang des Schlosses. Staatsminister von Starck, der mich gleich nach meiner Ankunft besuchte, machte den Eindruck eines unterrichteten und ernsten Beamten. … Nach der Audienz, die sich in würdigen Formen gestaltete, namentlich, wenn man sie nach den Verhältnissen des kleinen Landes bemißt, erfolgte die Vorstellung bei der jungen Fürstin Anna, … Beim Festmahl saß ich rechts neben [ihr] … Es waren wohl acht Kammerherrn zugegen und ebensoviel höhere Beamte, sämtlich reich dekoriert."

Im Januar 1896 weilte Raschdau abermals auf Schloß Heidecksburg. „Es war ein sehr kalter Tag, und die Fremdenzimmer des alten Baues in schlimmer Verfassung, zuerst fünf Grad Zimmerwärme! Die Vorstellung meiner Frau vollzog sich wie an großen Höfen, zunächst bei der Mutter, der Prinzessin Mathilde, die überaus langweilig war. Ihre Tochter Thekla kam später dazu, ein munteres, sich nach Freiheit sehnendes Wesen, durch die Verhältnisse zur Ehelosigkeit verurteilt. Dann erfolgte die Einführung bei der Fürstin, die, eine zarte Erscheinung, voll Lebenslust im Ausdruck des Auges, sich sehr natürlich gibt. Zum Essen erschien der Kronprätendent Sizzo von Leutenberg, eine große starke Erscheinung. Er sucht sich im Lande beliebt zu machen, aber vorerst sind seine Aussichten noch recht schwach. Der Landesfürst Günter war, gegen seinen Ruf, sehr aufgeräumt, und so verging der Abend in munterem Geplauder. Die Fürstin schwärmte für Reichtum. Es sollen die Verhältnisse des Hauses nicht sehr glänzend sein. Würde der Schein von Souveränität aufgegeben, so könnten sie in auskömmlichen Umständen leben." Schon gelegentlich seines Antrittsbesuchs in Rudolstadt hatte Raschdau notiert: „In einem Ländchen, dessen Einwohnerzahl noch weit von der Hunderttausend entfernt ist, erscheinen Schloß, Fürst und Hofstaat etwas übertrieben. Aber es scheint, daß das Volk diese ansehnliche Vertretung nicht entbehren möchte."

Georg II. von Sachsen-Meiningen und seine Schlösser.

Hinter dieser Fassade einer würdigen Repräsentation verbarg sich – wie an größeren Höfen auch – nicht selten eine Öde des gesellschaftlichen Lebens. Es fehlte an Gesprächsthemen. Da die großen politischen Fragen die Duodezfürsten nicht unmittelbar berühren mußten, blieb als Gesprächsgegenstand oft nur die Jagd, der insbesondere der Sondershausener, der sich auch für die elektrische Beleuchtung seines Schlosses interessierte, und der Coburger Herzog frönten. „Das Leben des Hofes ist von unglaublicher Einförmigkeit, der Fürst kennt nichts als die Jagd, besucht keine Gesellschaft als den Kasinoball, geht um 10 Uhr zu Bett und freut sich auf den ersten Auerhahn", hielt Raschdau nach einem Besuch in Sondershausen fest.

Herzog Alfred von Sachsen-Coburg und Gotha, der als früherer Herzog von Edinburgh nur mit hörbarer Mühe deutsch sprach, gab manche Form und damit auch Inhalte preis. Überhaupt galt das Leben am Gothaischen Hof als viel freier als anderswo, während in Weimar noch ganz die alte Schule herrschte. In seiner ersten Proklamation als Herzog hatte Alfred, der einst 1862 zum König von Griechenland erwählt worden, diesem Ruf aber nicht gefolgt war, die Formel „Von Gottes Gnaden" weggelassen, ohne freilich, wiewohl als gemütlich geltend, auch nur eine Einschränkung seiner Herrenrechte dulden zu wollen. Nach einer Einladung auf den herzoglichen Sommersitz Reinhardsbrunn bei Friedrichroda im Sommer 1897 schrieb Raschdau über Herzog Alfred in sein Tagebuch: „Er scheint nicht mehr erbaut von seinem Lande Gotha, schimpft auf den Kommunismus seiner Untertanen, die immer neue Wünsche hätten, ihm den Genuß des Waldes beeinträchtigten, die Pilze raubten, überall an den Bäumen Wegweiser errichten wollten usw. Er denkt eben nur an seine Jagd. ‚Mein Wald', war das dritte Wort. Die Verhandlungen im Landtage, in denen schwere Vorwürfe wegen des Wildschadens erhoben wurden, … haben ihm alle Laune verdorben. ‚Wenn ich in zwei Jahren noch hier bin' und ähnliche Äußerungen deuten auf eine zunehmende Abneigung. Der Erbprinz spricht sogar von energischen Mitteln, die man anwenden müsse. Die Umgebung deutet an, der Herzog solle auf Gotha verzichten und sich auf Coburg zurückziehen." Das deutsche Kleinfürstentum hatte das natürliche Ende seines Weges erreicht. Doch sind seine Throne eher als Ergebnis der Niederlage des Deutschen Reiches im Ersten Weltkrieg umgestürzt worden, als daß die Untertanen den Willen gehabt hätten, sich ihrer längst nur noch mit einem Schein von Macht bekleideten Potentaten mit Gewalt zu entledigen. Am 9. November 1918 dankte Großherzog Wilhelm Ernst von Sachsen-Weimar ab, am 10. November Herzog Bernhard von Sachsen-Meiningen, an demselben Tage Fürst Heinrich XXVII. Reuß jüngere Linie, am 13. November Herzog Ernst II. von Sachsen-Altenburg (seit 1908), am 14. November Herzog Carl Eduard von Sachsen-Coburg und Gotha und am 22. November 1918 Fürst Günter Victor von Schwarzburg-Rudolstadt.

VI
Ausklang:
Thüringen in der deutschen
Geschichte

Thüringen ist im Laufe seiner Geschichte eine politisch selbständige Rolle im deutschen Raume versagt geblieben. Freilich hat es an Versuchen nicht gefehlt, auf der Grundlage der bevorzugten Durchgangs- und Brückenlage der thüringischen Lande zwischen West und Ost und Nord und Süd eine mitteldeutsche Machtstellung zu entwickeln. Nach dem Untergang des Thüringerreiches zu Beginn des 6. Jahrhunderts sind es zuerst die deutschen Könige des sächsischen Hauses gewesen, die die Gunst der thüringischen Mittellage im großen Maßstab zu nutzen wußten. Doch lag es in der Natur der deutschen Geschichte, daß Herrschaft keinen Bestand hatte, wo nicht das partikulardynastische Fundament erhalten bzw. tragfähig blieb. In dieser Tatsache lagen die Bildung wie das Zerbrechen der ludowingischen Machtstellung in Thüringen beschlossen. Nach dem Erlöschen des Ludowinger Hauses im Jahre 1247 wurde dieses Land das Opfer der wechselvollen Geschicke des als Erbe eintretenden Hauses Wettin, während die von den Ludowingern erworbene Grafschaft Hessen von nun an eigene Wege ging.

Die Wettiner haben es weder verstanden, Thüringen mit Sachsen bzw. Meißen zusammen zu einem Machtkörper zu verschmelzen, noch ihm allein zu politischem Aufstieg zu verhelfen. Seine Einfügung in den wettinischen Besitz als Nebenland wechselte im Spätmittelalter, der Entstehungszeit des deutschen Territorialstaates, mit Zeiten zuweilen vielversprechender Eigenexistenz ab, bis endlich Kurfürst Ernst im Jahre 1485 den wettinischen Hausbesitz so teilte, daß nicht nur dieser, sondern auch die Landgrafschaft Thüringen auseinandergerissen wurde.

Doch alle Chancen waren damit nicht vertan, mochte einer thüringischen Machtbildung auch nach wie vor die Tatsache im Wege stehen, daß Erfurt, das natürliche Zentrum des Landes, seit den Tagen des Bonifatius mainzisch war. Und tatsächlich schien dem ernestinischen Sachsen, das die thüringischen Kernlande mitumfaßte, seit dem Beginn des 16. Jahrhunderts die Stellung einer deutschen Mittelmacht vorbestimmt zu sein. Es war das Land der Reformation, und es erwuchs ihm daraus die Führerschaft des deutschen

Protestantismus. Aber die Rivalität der Wettiner und das Unpolitische, das im Selbstverständnis Kurfürst Johann Friedrichs des Großmütigen nach der Art der deutschen „Betefürsten" übermächtig war, machten auch diese Perspektive zunichte. Doch verfehlte nach der Katastrophe des Ernestiners bei Mühlberg im Jahre 1547 auch das albertinische Sachsen den Weg, der es in die Stellung einer wirklichen Mittelmacht hätte führen können. Denn den Albertinern nach Herzog bzw. Kurfürst Moritz, namentlich seinem Bruder und direkten Nachfolger August (1553–1586) waren ebenso wie den Ernestinern die Prinzipien der nackten Staatsräson fremd.

Aber der Gedanke der Einheit aller wettinischen Lande blieb lebendig. Er führte den ernestinischen Herzog Johann Friedrich den Mittleren dazu, sich in die Hände des ritterlichen Freibeuters Grumbach zu begeben – wodurch am Ende die Position Thüringens, auf das sich der Territorialbestand des ernestinischen Sachsen inzwischen beschränkte, noch weiter geschwächt war als vorher, während sich die kurfürstlichen Albertiner doch immerhin auf einer gewissen politischen Höhe zu halten wußten. Für Heinrich von Treitschke war es „ein unheimlicher Anblick, wie die gedemütigte glorreiche Dynastie nunmehr, nach einem schwächlichen Versuche der Wiedererhebung, sich so gelassen in die neuen kümmerlichen Verhältnisse findet und, jedes politischen Gedankens bar, ganz befangen in kleinbürgerlichen Hausvatersorgen, die geretteten Trümmer ihrer alten Macht durch eine endlose Reihe von Teilungen und Mutschierungen so lange zerstückelt, bis sie schließlich auf die unterste Stufe des deutschen Fürstenstandes herabsinkt".

Aber die Hoffnung, Thüringen zur Unterlage einer mittelstaatlichen Existenz machen zu können, erstarb auch trotz der heillosen Zersplitterung des ernestinischen Territorialbesitzes nicht; sie erneuerte sich stets wieder, wenn auch auf immer niedrigerem Niveau. In der Zeit des Dreißigjährigen Krieges verminderte sich die Zahl der ernestinischen Herzogtümer durch Erbfälle auf zwei: Weimar und Gotha-Altenburg. Und Herzog Ernst der Fromme von Sachsen-Gotha war es, der Mut und Fähigkeiten genug hatte, um die Chance, die die Konzentrierung des Hausbesitzes bot, zu ergreifen. Aber auch dieser letzte der aussichtsreichen Versuche, Thüringen aus der politischen Bedeutungslosigkeit herauszuführen, scheiterte. Der Grund dafür lag in der Tatsache, daß auch der gothaischen Staatlichkeit trotz aller Reformen Herzog Ernsts noch Züge der Zurückgebliebenheit anhafteten. So gab es keine verbindliche Regelung der Thronfolge nach dem Grundsatz der Erstgeburt, weshalb es abermals zu Erbteilungen kam und das Herzogtum Sachsen-Gotha-Altenburg auf zwei Fünftel seines usprünglichen Umfangs zusammenschrumpfte.

Doch selbst dieses Rumpfgebilde ist Grundlage machtstaatlicher Bestrebungen gewesen. Herzog Friedrich II. hat in Verkennung der tatsächlichen

Lage geglaubt, den Territorialbestand der Albertiner samt der Kurwürde an sich bringen zu können. Freilich haben sich die Gothaer auf kurz oder lang bescheiden müssen.

Das war nun der Punkt, an dem die Ernestiner – die Schwarzburger und die Reußen hatten ohnehin nie an Machtpolitik denken können – zu der ihnen zukommenden Rolle gefunden haben, nämlich der barocker Herren mit scheinabsolutistischem Gebaren und später zu der menschenfreundlicher Aufklärer im Fürstengewande. Die barocke Darstellungsfreude wie deren aufklärungsbeflissene Vergeistigung sind nichts spezifisch Thüringisches gewesen, wenn auch die Herzogin Luise Dorothee von Gotha-Altenburg und ihr Sohn Herzog Friedrich II. sowie Herzog Georg I. von Sachsen-Meiningen unter den deutschen Fürsten ihrer Zeit alles andere als alltägliche Erscheinungen waren. Einen einzigartigen Beitrag zur deutschen Geistesgeschichte leistete das Herzogtum Sachsen-Weimar im späten 18. Jahrhundert unter Herzog Carl August.

Die Überwindung der Aufklärung durch das moderne Individualitätsprinzip, die unter dem Schutze der Herzogin Anna Amalia und insbesondere unter dem ihres Sohnes Carl August von Herder und namentlich von Goethe bewirkt worden ist, hat der Geschichte des deutschen Geistes vor allem im 19. Jahrhundert eine besondere, eigentümliche Prägung gegeben. An die Stelle einer naturrechtlichen und somit generalisierenden Betrachtung von Mensch und Geschichte trat ein empfindlicher Sinn für die historisch begründete individuelle Vielfalt der menschlichen Persönlichkeit wie der Völker, an die Stelle des Glaubens an die Berechenbarkeit des Menschen die Einsicht in dessen Inkommensurabilität, d. h. die Unmöglichkeit, menschliches Handeln miteinander zu vergleichen. Eine Vertiefung des Menschenbildes ist das Ergebnis dieser Überwindung der bloßen Verstandeskultur des aufgeklärten Zeitalters gewesen, die in der klassischen und romantischen deutschen Literatur ihre bleibende Gestaltung gefunden hat.

All das änderte nichts an der politischen Bedeutungslosigkeit Sachsen-Weimars und der übrigen thüringischen Kleinstaaten. Herzog Carl August hat, als es 1815 um die Neugestaltung Deutschlands ging, seine territorialen Ansprüche vergeblich mit der Bedeutung seines Herzogtums für die deutsche Literatur begründet. Preußen, das im Eichsfeld und in Erfurt die Erbschaft von Mainz angetreten hatte und daraus wie aus sächsischen Abtretungen die Provinz Sachsen bildete, gewann in Mitteldeutschland erhebliches Gewicht, ohne daß das Königreich Sachsen in seiner bisherigen Stellung allzusehr reduziert worden wäre. Gerade im Kontrast zu Preußen wird der Rückstand der thüringischen Herzog- und Fürstentümer, was ihre politisch-staatliche Entwicklung betrifft, drastisch deutlich. Das gilt auch für Sachsen-Weimar, das mit seiner Verfassung von 1816 immerhin einen beachtlichen Beitrag zum deutschen Frühkonstitutionalismus leistete. Das Fehlen eines modernen Beamtentums – das die Frucht der absolutistischen Staatsbildung gewesen war – machte sich einschneidend bemerkbar. Heinrich von Treitschke hat von dem Thüringer Leben als „der gemütlichen Anarchie eines patriarchalischen Völkchens" sprechen können, „das den Ernst des Staates nie gekannt hatte".

Das kleinstaatliche Stilleben beengte die Industrialisierung, die auch in Thüringen kräftige Schritte nach vorne machte. Dieser Umstand bescherte der Thüringer Staatenwelt schmerzhafte Modernisierungskrisen. Es ist Herzog Ernst II. von Sachsen-Coburg und Gotha gewesen, der erkannte, daß diese politischen Kleinexistenzen ohne eine Lösung der nationalen Frage durch einen Kompromiß zwischen den hergebrachten Gewalten, den Fürsten, und dem nationalstaatlich orientierten Liberalismus nicht überleben konnte. Ein solcher ist dann mit der Reichsgründung von 1871 tatsächlich gefunden worden.

Im neuen Reich, das dem nationalen Leben dem ihm gemäßen Raum gab, haben sich die Thüringer wie auch alle übrigen fürstlichen Kleinstaaten sehr schnell überlebt, wenn auch der Beitrag mancher von ihnen zum kulturellen Leben der Nation schätzenswert war und dankbar empfangen wurde. So waren sie 1918, auch ungeachtet der Tatsache, daß die Throne in diesem Jahre infolge der schweren Niederlage des Reiches stürzten, am natürlichen Ende ihres historischen Weges angelangt.

Weimar, das trotz des Umsturzes Ende 1918 und Anfang 1919 verhältnismäßig ruhig blieb und die unzerstörbaren Traditionen des deutschen Geistes repräsentierte, ist zur Wiege einer republikanischen Erneuerung des Reiches geworden, der „Weimarer Republik". Am 6. Februar 1919 trat in der ehemaligen großherzoglichen Residenzstadt, die durch von Berlin entsandte Truppen unter General Maerker abgeschirmt wurde, im bisherigen Hof- und nunmehrigen Nationaltheater die deutsche Nationalversammlung zusammen, der es aufgegeben war, eine neue Reichsverfassung auszuarbeiten. Diese wurde am 11. August desselben Jahres in Schwarzburg durch Reichspräsident Friedrich Ebert unterzeichnet und damit in Kraft gesetzt.

Die thüringischen Herzog- und Fürstentümer verwandelten sich währenddessen in sozialistisch regierte „Freistaaten"; in Gotha schien die Entwicklung im Zuge einer politischen Radikalisierung auf eine „Diktatur des Proletariats" hinauszulaufen. Schon seit Dezember 1918 waren Verhandlungen über einen Zusammenschluß der thüringischen Staaten im Gange. Im April 1919 schlossen sich die beiden ehemaligen Fürstentümer Reuß, die bereits seit 1902 in Personalunion regiert worden waren, zum „Volksstaat Reuß" zusammen. Schwere Bürgerkriegswirren in der Zeit des Kapp-Putsches im März 1920 behinderten die Bildung eines Landes Thüringen, für das durch einen Gemeinschaftsvertrag vom 4. Januar 1920 die Grundlage geschaffen worden war. Aber am 1. Mai 1920 trat auch das unruhige frühere Herzogtum Gotha bei. Die Verfassung, die Thüringen zu einem demokratischen Freistaat erklärte, trat am 11. Februar 1921 in Kraft.

Die thüringische Staatsbildung war jedoch unvollständig geblieben. Es fehlten Erfurt, Nordhausen, Mühlhausen, das Eichsfeld und Suhl; denn Preußen war nicht bereit gewesen, den Regierungsbezirk Erfurt aufzugeben. Dasselbe galt für den Landkreis Herrschaft Schmalkalden, der bei der preußischen Provinz Hessen-Nassau (bis 1866 Kurhessen) verblieb. Länderkonferenzen zur Neugliederung des Reiches 1928 in Berlin blieben ohne jedes greifbare Ergebnis. Beachtlich war, daß in einem Lande mit keineswegs einheitlicher Bevölkerung – der Rennsteig und die mittlere Saale sind Sprachgrenzen – auch nach dem Sturz der Fürstenhäuser die mit diesen eng verbundene historische Gemeinsamkeit der thüringischen Staaten ausschlaggebend geblieben, kein Anschluß an Sachsen, Preußen oder Bayern erfolgt war! Hätte doch das thüringische Vogtland die Einheit mit dem sächsischen finden oder manches für einen Beitritt des früheren Herzogtums Altenburg zum Freistaat Sachsen sprechen können. Coburg blieb die Ausnahme. Hier hatte sich die oberfränkische Stammesart geregt und zusammen mit wirtschaftlichen Interessen in einer Volksabstimmung den Ausschlag für eine Angliederung an Bayern gegeben.

Regiert wurde Thüringen zuerst von einer Koalition der SPD mit der linksliberalen Deutschen Demokratischen Partei, zwischen 1924 und 1927, in der Zeit der Konsolidierung der Weimarer Republik also, von der bürgerlichen Mitte. Schon 1930 kam eine Regierung unter Beteiligung der NSDAP zustande, in der der spätere Reichsinnenminister Wilhelm Frick, ein gebürtiger Westdeutscher, die Ressorts Inneres und Volksbildung innehatte. In der Folge der Landtagswahl vom 31. Juli 1932 regierten die Nationalsozialisten – noch in einer Koalitionsregierung – mit dem aus Haßfurt in Unterfranken stammenden Thüringer Gauleiter Fritz Sauckel als Ministerpräsidenten und Innenminister, der dann seit 1933 aufgrund des Reichsstatthaltergesetzes nicht mehr durch den Landtag beschränkt war.

Sauckel, der sich im Kriege als Generalbevollmächtigter für den Arbeitseinsatz mit dem rücksichtslosen Zusammenbringen riesiger Sklavenarbeiterheere einen üblen Ruf erwarb, hat Weimar zu seiner „Gauhauptstadt" gemacht, deren durch Goethe, Schiller und den Großherzog Carl August geadelter Name durch das Konzentrationslager Buchenwald auf dem Ettersberg befleckt wurde. Die zwischen Bahnhof und Innenstadt in der Höhe des Landesmuseums in einer Ost-West-Achse von Hermann Giesler konzipierte nationalsozialistische Partei- und Verwaltungsbebauung („Gauforum") ist Torso geblieben.

Jena, Marktplatz um 1935.

Auch Sauckel hat sich lange vergeblich um die Abtretung des Regierungsbezirks Erfurt durch Preußen an Thüringen bemüht, obwohl das Gesetz über
den Neuaufbau des Reiches vom 30. Januar 1934 das Gebiet des „Reichsgaues
Thüringen" im Sinne der angeblichen Stammesgrenzen neubestimmt und
diesem jenes Erfurter Territorium, Teile des Regierungsbezirks Merseburg
und den Kreis Herrschaft Schmalkalden zugesprochen hatte. Erst am 1. Juli
1944 wurde Sauckel, offensichtlich den Erfordernissen des „totalen Krieges"
folgend, „die Wahrnehmung der Aufgaben und Befugnisse des Oberpräsidenten in der staatlichen Verwaltung" in dem aus der Zuständigkeit des
Oberpräsidenten der preußischen Provinz Sachsen in Magdeburg ausgeglie-
derten Regierungsbezirk Erfurt übertragen. Jetzt kam auch Schmalkalden zu
Thüringen.

Auf dieser Grundlage baute nach Kriegsende die Neubildung des Landes
Thüringen auf. Hauptstadt war zunächst noch Weimar, dann Erfurt. Am
23. Juli 1952 wurde das Land Thüringen, ohne daß es aufgehört hätte, juri-
stisch zu bestehen, in die Bezirke Erfurt, Gera und Suhl zerlegt, während das
Altenburger Gebiet an den Bezirk Leipzig fiel. Diese Verwaltungseinheiten
mit einem Rat des Bezirks und einer SED-Bezirksleitung an der Spitze taugten
besser zur Verwirklichung des Herrschaftsanspruchs der kommunistischen
Staatspartei, die nur zentralistisch zu denken war, als Staatsregierungen mit
– freilich längst mundtot gemachten – Landtagen. Nach dem Zusammenbruch
des SED-Regimes im Herbst 1989 machte sich in der Bevölkerung sehr schnell
der Wunsch geltend, die Länder wiedererstehen zu sehen – auch in Thüringen.
So haben sich die Thüringer in einer Zeit des Umbruchs und der vielen
Unsicherheiten, die mit einem solchen verbunden sind, auf ihren landsmann-
schaftlichen Zusammenhang und auf ihre historische Staatlichkeit besonnen.
Der Landtag des 1990 wiedergegründeten Landes hat im Oktober desselben
Jahres in Form einer Landessatzung eine vorläufige Verfassung beschlossen.

Erfurt, Neues Rathaus (erbaut zwischen 1869 und 1875).

Die thüringischen Staaten
zu Beginn des 20. Jahrhunderts

Herzogtum Sachsen-Altenburg

FLÄCHE:

1323,52 km²
davon der Ostkreis 657,23 km² und der Westkreis 666,29 km²

BEVÖLKERUNG:

206.508 (Stand 1905)
davon im Ostkreis 145.106 und im Westkreis 61.402, bestehend aus
Obersachsen und etwa 20.000 germanisierten Wenden im Ostkreis.
200.511 waren evangelisch, 5449 römisch-katholisch, 393 anderen christlichen Bekenntnisses und 131 Juden.

FLÄCHENNUTZUNG

(Stand 1905):
Ackerland und Gärten: 76.922 ha
Wiesen: 11.369 ha
Weiden und Hutungen: 1.062 ha
Wald: 35.903 ha (10.982 ha Domänenbesitz)
Gewässer und Wege: 2.735 ha
Wein- und Hopfenbau: 7 ha

VERWALTUNGSEINTEILUNG:

Ostkreis (vormals Altenburgischer Kreis):
Amtsgerichtsbezirke Altenburg, Meuselwitz, Schmölln und Ronneburg
Westkreis (vormals Saal-Eisenbergischer Kreis):
Amtsgerichtsbezirke Eisenberg, Roda (seit 1925 Stadtroda) und Kahla

zwei Gymnasien (Altenburg und Eisenberg), ein Realgymnasium (Altenburg), ein Schullehrerseminar, ein Institut für Erziehung adeliger Fräulein (Magdalenenstift), eine höhere Mädchenschule (Karolinenschule), eine Kunst- und Handwerkschule, eine Landwirtschaftliche Schule und ein Technikum (alles in Altenburg) sowie eine Baugewerkenschule (Roda), drei Handelsschulen (Altenburg, Schmölln und Eisenberg), 182 Bürger- und Volksschulen, gewerbliche Fortbildungsschulen sowie eine Zeichen- und Modellierschule im Lindenau-Museum zu Altenburg.

Wappen und Landesfarben:

Das kleine Landeswappen ist mit dem sächsischen identisch (von Schwarz und Gold zehnfach quergestreift mit darübergelegtem grünen Rautenkranz). Der Schild des mittleren Landeswappens enthält fünf Felder: das beschriebene kleine Landeswappen, umgeben von den Wappen des Burggrafentums Altenburg, der Herrschaft Eisenberg, der Grafschaft Orlamünde und der Herrschaft Pleißen. Das große Landeswappen enthält 21 Felder, wobei zu den Feldern des mittleren Landeswappens noch die des sächsischen Gesamthauses hinzukommen. Die Landesfarben waren Weiß und Grün.

Haupt- und Residenzstadt:

Altenburg; zweite Residenz: Eisenberg
Weitere herzogliche Schlösser: Hummelshain (bei Kahla) und Fröhliche Wiederkunft (im heutigen Kreis Stadtroda)

Herzogtum Sachsen-Coburg und Gotha

Fläche: 1977,45 km²
Herzogtum Coburg: 562,3 km²
Herzogtum Gotha: 1415,1 km²

Bevölkerung:
242.432 (Stand: 1905)
Herzogtum Coburg: 71.512 (Franken)
Herzogtum Gotha: 170.920 (Thüringer)
Konfession: evangelisch-lutherisch; nur wenige Katholiken und Juden.
30.888 (35,6 % der Erwerbstätigen) waren in der Land- und Forstwirtschaft beschäftigt.
(Stand: 14. Juni 1895)

FLÄCHENNUTZUNG:

	Coburg	Gotha
Felder, Wiesen und Gärten:	37.078 ha	87.636 ha
Wald:	15.898 ha	43.678 ha
	(Domänenbesitz: 5.781 ha)	
Weiden und Ödland:	1.254 ha	2.773 ha
Weinbau:	24 ha	

VERWALTUNGSEINTEILUNG:
Coburg: nur ein Landratsamt
Gotha: Kreise Gotha, Ohrdruf und Waltershausen

BILDUNGSANSTALTEN:
Coburg: Gymnasium Casimirianum mit Progymnasium, eine Oberreal-schule, ein Schullehrerseminar, eine Taubstummenlehranstalt, eine Bau-gewerkschule und eine Landwirtschaftliche Winterschule in Coburg sowie eine Industrie- und Gewerbeschule in Neustadt bei Coburg.
Gotha: ein Gymnasium (mit Realgymnasialklassen), eine Realschule mit kaufmännischer Fortbildungsschule, eine öffentliche und einige private höhere Mädchenschulen, ein Schullehrerseminar, Kindergärtnerinnen-ausbildungsstätten und eine Baugewerbeschule in Gotha sowie ein Pro-gymnasium mit Realschule in Ohrdruf und eine Privaterziehungsanstalt für Knaben in Schnepfental.

WAPPEN UND LANDESFARBEN:
Das mittlere Staatswappen besteht aus vier Feldern und einem Mittel-schild (der das sächsische Wappen zeigt). Auf Feld eins findet sich in Blau ein von Silber und Rot achtfach (auch zehnfach) quergestreifter Löwe (Thüringen und Gotha), auf Feld zwei in Gold ein schwarzer, rot-bewehrter, doppelschweifiger Löwe (Meißen), auf Feld drei in Gold eine schwarze Henne mit rotem Kamm auf grünem Berg (Henneberg) und auf Feld vier in Schwarz ein goldener Löwe (Coburg). Auf dem Haupt-schild ruht eine zur Hälfte gefütterte Königskrone. Das große Staats-wappen zeigt 25 Wappenbilder. Die Landesfarben waren Grün und Weiß.

HAUPT- UND RESIDENZSTÄDTE:
Coburg und Gotha. Herzogliche Lustschlösser: Kallenberg, Rosenau und Reinhardsbrunn

Herzogtum Sachsen-Meiningen

FLÄCHE:
2468,3 km²

BEVÖLKERUNG:
268.916 (Stand: 1. Dezember 1905); davon waren 262.243 evangelisch,
4845 römisch-katholisch und 1256 isrealitisch. 33.902 (36,4 % aller Erwerbstätigen) arbeiteten in der Land- und Forstwirtschaft (Stand: 14. Juni
1895).

FLÄCHENNUTZUNG
(Stand: 1900):
Acker- und Gartenland: 40,9 %
Wiesen: 11,0 %
Weiden: 1,7 %
Wald: 42,1 % oder 103.859 ha
                        (43.208 ha Domänenbesitz)

VERWALTUNGSEINTEILUNG:
Kreise Meiningen, Hildburghausen, Sonneberg und Saalfeld

BILDUNGSANSTALTEN:
zwei Gymnasien (Meiningen und Hildburghausen), zwei Realgymnasien
(Meiningen und Saalfeld), eine Realschule mit Handelsabteilung (Sonneberg), zwei sechsklassige Realschulen (Salzungen und Pößneck), ein
Schullehrerseminar mit Taubstummenlehranstalt (Hildburghausen), ein
Lehrerinnenseminar (Meiningen) und eine Irrenheil- und -pflegeanstalt
in Hildburghausen.

WAPPEN UND LANDESFARBEN:
Das mittlere herzogliche Wappen zeigt einen Hauptschild mit vier Fel-
dern und einem gekrönten Mittelschild mit dem sächsischen Wappen.
Die vier Felder enthalten die Wappen von Thüringen, Henneberg, Röm-
hild (dieses war nach 1710 teilweise und seit 1826 ganz bei Sachsen-
Meiningen) und Meißen. Die Landesfarben waren Grün und Weiß.

HAUPT- UND RESIDENZSTADT:
Meiningen. Weitere herzogliche Schlösser: Altenstein (im heutigen Kreis
Bad Salzungen) und Landsberg (bei Meiningen).

Großherzogtum Sachsen-Weimar-Eisenach

FLÄCHE:
3610,96 km²
davon Kreis Weimar 1767,08 km², Kreis Eisenach 1215,53 km² und Kreis
Neustadt a. Orla 628,35 km²

BEVÖLKERUNG:
388.095 (Stand: 1905)
davon Kreis Weimar 217.937, Kreis Eisenach 113.018 und Kreis Neustadt
a. Orla 57.140
Religionsbekenntnis: 367.793 evangelisch, 17.915 römisch-katholisch (davon 10.320 im Kreis Eisenach) und 1421 israelitisch (davon 930 im Kreis
Eisenach)
58.646 (44 % der Erwerbstätigen) arbeiteten in der Land- und Forstwirtschaft (Stand: 14. Juni 1895)

FLÄCHENNUTZUNG
(Stand: 1900):

Acker- und Gartenland:	56,1 %
Wiesen:	8,7 %
Weiden und Hutungen:	1,8 %
Weinberge:	0,1 %
Wälder:	25,7 %, davon etwa die Hälfte, nämlich 44.151 ha, gemeinschaftliches Vermögen des großherzoglichen Hauses und des Staates
Haus- und Hofräume:	1,2 %
Ödland:	2,4 %
Wege und Gewässer:	4,0 %

VERWALTUNGSEINTEILUNG:
Kreis Weimar: Verwaltungsbezirke I (Weimar) und II (Apolda)
Kreis Eisenach: Verwaltungsbezirke III (Eisenach) und IV (Dermbach)
Kreis Neustadt a. Orla: Verwaltungsbezirk V (Neustadt)

BILDUNGSANSTALTEN:
Thüringische Landesuniversität Jena, eine Kunstmalerschule, ein kunst-
gewerbliches Seminar und eine Musikschule in Weimar, drei Gymnasien
(Weimar, Jena und Eisenach), zwei Realgymnasien (Weimar und Eisenach), fünf Realschulen (Apolda, Jena, Neustadt, Ilmenau und Weida),

zwei Schullehrerseminare (Weimar und Eisenach) und ein Lehrerinnen-
seminar (Eisenach) sowie 464 Volksschulen (Stand: 1905); zudem: zwei
Baugewerkschulen (Weimar und Bad Sulza), zwei Zeichenschulen (Wei-
mar und Eisenach), eine Taubstummen- und Blindenanstalt in Weimar,
Gewerbe- und Gewerkschulen sowie ein Technikum in Ilmenau (seit 1953
Technische Hochschule).

WAPPEN UND LANDESFARBEN:
Das Wappen besteht aus vier Feldern und einem gekrönten Mittelschild,
der das sächsische Stammwappen in Schwarz und Gold enthält. Die vier
Felder zeigen die Wappen von Thüringen, Meißen (schwarzer Löwe),
Henneberg sowie von Neustadt-Arnshaugh, Blankenhain und Tauten-
burg (Gewinne von 1815). Das Ganze ist mit einem Falkenorden um-
hangen und mit der Königskrone versehen. Die Landesfarben waren
Schwarz, Gelb und Grün.

HAUPT- UND RESIDENZSTADT:
Weimar. Weitere großherzogliche Schlösser: Dornburg, Allstedt, Jena,
Belvedere, Ettersburg, Wilhelmsthal, Eisenach, Wartburg und Tiefurt.

Fürstentum Schwarzburg-Rudolstadt

FLÄCHE:
940,39 km²
davon die Oberherrschaft: 732,94 km², die Unterherrschaft: 207,45 km²

BEVÖLKERUNG:
96.835 (Stand: 1905)
davon in der Oberherrschaft 80,25 % und in der Unterherrschaft 19,75 %
Die Zahl der Katholiken betrug 990 und die der Juden 82. 12.347 (36,3 %
der Erwerbstätigen) arbeiteten in der Land- und Forstwirtschaft (Stand:
14. Juni 1895).

FLÄCHENNUTZUNG
(Stand: 1900):
39.199 ha Ackerland und Gärten (41,67 % der Gesamtfläche)
 7.336 ha Wiesen (7,8 %)
 1.058 ha Weiden (1,12 %)
41.370 ha Wald (43,98 %), 21.113 ha (22 %) Domänenbesitz
 5.076 ha Gewässer, Wege und Gebäude (5,43 %)

Verwaltungseinteilung:

Oberherrschaft: Amtsgerichtsbezirke Rudolstadt, Stadtilm, Königsee, Oberweißbach und Leutenberg

Unterherrschaft: Amtsgerichtsbezirke Schlotheim und Frankenhausen

Bildungsanstalten:

ein Gymnasium (Rudolstadt), ein Realgymnasium, zwei Realschulen, ein Schullehrerseminar, zwei höhere Mädchenschulen, zwei Technikerschulen, eine Handelsschule, eine Musikschule und vier Zeichenschulen sowie 135 Volksschulen.

Wappen und Landesfarben:

Das kleine Wappen zeigt den deutschen Reichsadler in Gold, belegt mit einem Herzschildchen, in dem in Gold eine Fürstenkrone erscheint (kaiserliches Gnadenwappen, das anläßlich der Fürstenstandserhebung verliehen wurde). Unter dem Goldfeld ist in einem silbernen Schildfuß die rote Gabel und der Kamm von Leutenberg und des Reichserbstallmeisteramtes angebracht. Das größere Wappen enthält die Zeichen der Landesteile, das beschriebene kleine Wappen und das Stammwappen der Schwarzburger, einen goldenen gekrönten Löwen in Blau, und wird von sechs gekrönten Helmen bedeckt sowie von einem fahnetragenden wilden Mann und einem wilden Weibe gehalten. Die Landesfarben waren Blau, Weiß; die Kokarde zeigt Blau, Silber, Blau.

Haupt- und Residenzstadt:

Rudolstadt.

Fürstentum Schwarzburg-Sondershausen

Fläche:

862,1 km²

davon die Unterherrschaft 519,14 km² und die Oberherrschaft 342,96 km²

Bevölkerung:

85.152 (Stand: 1905)

davon in der Unterherrschaft 47,03 % und in der Oberherrschaft 52,97 %

Die Zahl der Katholiken betrug 1520 und die der Juden 195.

11.891 (40,4 % der Erwerbstätigen) arbeiteten in der Land- und Forstwirtschaft (Stand: 14. Juni 1895).

FLÄCHENNUTZUNG
(Stand: 1900):
Ackerland und Gärten: 49.010 ha (56,83 % der Gesamtfläche)
Wiesen: 3.928 ha (4,56 %)
Weiden: 528 ha (0,66 %)
Wald: 26.711 ha (30,92 %),
                         16.889 ha (63,23 %) Domänenbesitz

VERWALTUNGSEINTEILUNG:
Unterherrschaft: Verwaltungsbezirke Sondershausen und Ebeleben
Oberherrschaft: Verwaltungsbezirke Arnstadt und Gehren

BILDUNGSANSTALTEN:
zwei Gymnasien, zwei Realschulen, ein Lehrer- und ein Lehrerinnenseminar, zwei höhere Mädchenschulen, eine kunstgewerbliche Zeichen-
schule und ein Konservatorium in Sondershausen (private Gründung,
seit 1890 staatlich).

WAPPEN UND LANDESFARBEN:
wie Schwarzburg-Rudolstadt; nur ist der Schildfuß des größeren Wap-
pens golden; die Kokarde zeigt Silber, Blau, Silber

Fürstentümer Reuß ältere Linie und jüngere Linie

FLÄCHE:
1143,01 km²
davon Reuß ältere Linie 316,3 km² und
Reuß jüngere Linie 826,71 km²

BEVÖLKERUNG:
215.187 (Stand: 1905)
davon 209.189 evangelisch,
4011 römisch-katholisch,
1613 andere Christen,
344 Juden und 30 anderen Bekenntnisses;
Reuß ältere Linie: 70.603; Greiz 23.118
Reuß jüngere Linie: 144.587; Gera: 46.909

FLÄCHENNUTZUNG:

Reuß	ältere Linie	jüngere Linie
Ackerland, Gärten:	40,9 %	39,1 %
Wiesen:	17,2 %	16,8 %
Weiden:	1,0 %	2,7 %
Wald:	35,6 %	37,8 %

(davon 38,3 % bzw. 52,9 % Domänenbesitz)

VERWALTUNGSEINTEILUNG:

Reuß jüngere Linie: Kreis Gera (Unterländischer Bezirk)
Kreis Schleiz (Oberländischer Bezirk)

BILDUNGSANSTALTEN:

Volksschulen, zwei Schullehrerseminare (Schleiz und Greiz), drei Gymnasien (Gera, Greiz und Schleiz), ein Realgymnasium, zwei höhere Töchterschulen, eine Handelsschule (Gera), eine Taubstummenanstalt (Schleiz), eine Bauschule und eine Landwirtschaftliche Lehranstalt (Köstritz)

WAPPEN UND LANDESFARBEN:

Das reußische Wappen ist in vier Felder unterteilt. Das erste und das vierte Feld zeigen einen rot gekrönten, goldenen, doppelt geschwänzten Löwen in Schwarz (Reuß), das zweite und dritte einen goldenen Kranich in Silber (bezogen auf Kranichfeld an der Ilm, das zwischen 1453 und 1615 reußisch war). Der Schild ist mit drei Helmen bedeckt und wird von zwei Löwen gehalten. Diese sind bei Reuß älterer Linie golden und bei Reuß jüngerer Linie schwarz-silbern. Für beide Fürstentümer gilt die auf einem blauen Bande erscheinende Devise „Ich bau auf Gott". Die Landesfarben waren Schwarz, Rot, Gelb.

HAUPT- UND RESIDENZSTÄDTE:

Greiz (Reuß ältere Linie) und Gera (Reuß jüngere Linie)

Literatur

WILLY ANDREAS: Carl August von Weimar und Napoleon, Leipzig 1942 (noch einmal in: ders., Napoleon. Entwicklung – Umwelt – Wirkung, Konstanz 1962, S. 108–128).

HENDRIK BÄRNIGHAUSEN: Historische Bauten und Sehenswürdigkeiten in Sondershausen, Arnstadt 1990.

LUDWIG BECHSTEIN: Unterwegs im Reisewagen. Bilder und Skizzen aus Thüringen, Rudolstadt 1988.

GEORG DEHIO: Handbuch der Deutschen Kunstdenkmäler, Bd. 1: Mitteldeutschland, Berlin [7]1943.

ADOLPH DOEBBER: Das Schloß in Weimar. Seine Geschichte vom Brande 1774 bis zur Wiederherstellung 1804 (= Zeitschrift des Vereins für Thüringische Geschichte und Altertumskunde. Neue Folge. Drittes Supplementheft), Jena 1911.

ERNST II., Herzog von Sachsen-Coburg und Gotha: Aus meinem Leben und aus meiner Zeit, Berlin 1887–1889.

FRITZ HARTUNG: Das Großherzogtum Sachsen unter der Regierung Carl Augusts. 1775–1828 (= Carl August. Darstellungen und Briefe zur Geschichte des Weimarischen Fürstenhauses und Landes), Weimar 1923.

HERMANN HECKMANN (Hrsg.): Thüringen. Historische Landeskunde Mitteldeutschlands, Würzburg [3]1991.

ULRICH HESS: Geschichte Thüringens. 1866–1914, Weimar 1991.

ALFRED KOCH: Rudolstadt. Schloß Heidecksburg (Baudenkmale, 71), Leipzig 1990.

WERNER MÄGDEFRAU und RUDOLF HARM (Hrsg.): Schmalkalden und Thüringen in der deutschen Geschichte, Schmalkalden 1990.

HANS PATZE und WALTER SCHLESINGER (Hrsg.): Geschichte Thüringens, Bd. 1–6, Köln/Wien 1967–1984.

HANS PATZE in Verb. mit PETER AUFGEBAUER (Hrsg.): Thüringen (= Handbuch der Historischen Stätten, 9), Stuttgart [2]1989.

PAUL RAABE: Spaziergänge durch Goethes Weimar, Zürich 1990.

LUDWIG RASCHDAU: In Weimar als Preußischer Gesandter. Ein Buch der Erinnerungen an deutsche Fürstenhöfe. 1894–1897, Berlin 1939.

HELGA RASCHKE: Residenzstadt Gotha, Gotha 1990.

FRIEDRICH SCHULZE (Hrsg.): Weimarische Berichte und Briefe aus den Freiheitskriegen. 1806–1815, Leipzig 1913.

ARMIN TILLE: Die deutschen Territorien; in: Gebhardts Handbuch der Deutschen Geschichte, Bd. 2, Stuttgart, Berlin und Leipzig [6]1923, S. 567ff.

HANS TÜMMLER: Carl August von Weimar, Goethes Freund. Eine vorwiegend politische Biographie, Stuttgart 1978.

WOLFGANG VULPIUS: Goethe in Thüringen. Stätten seines Lebens und Wirkens, Rudolstadt [2]1990.